ANALYSEN UND REFLEXIONEN
Band 20

Reiner Poppe

Ulrich Plenzdorf
Joh. Wolfgang v. Goethe

Die (neuen) Leiden des jungen (W.) Werthers

Ansichten und Einsichten, Wertungen und Kommentare
Vorschläge für den Unterricht

Joachim Beyer Verlag – 8607 Hollfeld/Ofr.

ISBN 3-921202-036-7

Satz: Hammer-Rupp, Lisberg
Druck: Beyer Druck, Eiergasse 13, Hollfeld

Inhaltsübersicht

Vorbemerkung

Die Aufmerksamkeit muß zunächst mehr Plenzdorfs als Goethes Roman gelten: „Die neuen Leiden des jungen W." sind ein Thema ohne Ende. Die Auflagenzahlen sprechen eine deutliche Sprache. In den Schulen diesseits der Demarkationslinie steht der Roman ganz oben auf der Leseliste. Er kommt bei den Jugendlichen (immer noch) an. Folgt man Schüleräußerungen, ist der Hauptgrund in dem ‘starken Typen da, dem Wibeau‘, zu suchen. Er spricht die Sprache der Jugend, obwohl auch sie in den vergangenen 12, 13 Jahren anders geworden ist. Grund genug, noch einmal zu überdenken, was das ‘Zeitlose‘ an Plenzdorfs Roman und seinem Helden ist, und in diesem Kontext auch einmal zu überprüfen, wo da eigentlich Goethes „alter Werther" einzuordnen ist. Daß er dazugehört, notwendigerweise, wird von den Schülern akzeptiert. Das sollte aber niemanden, der mit Schule und (Deutsch-)Unterricht zu tun hat, zum Trugschluß verleiten, Goethes „Werther" sei nun ganz oben in der Hitliste der Schullektüren zu finden. Soviel sei schon hier gesagt (mehr im Kapitel „W. und W. im Unterricht" – IV.): Die Begeisterung der Schüler hält sich in Grenzen, was den „Klassiker" angeht, trotz eines Helden mit sehr jugendnahen Gefühlen und Problemen.

Wir fänden es sehr bedauerlich, wenn Goethes Jugendroman im Unterricht nur herangezogen würde, um die Schüler die in Plenzdorfs Romantext einbezogenen Werther-Zitate aufspüren und damit am Original und zugrundegelegten ‘Modelltext‘ ein wenig schnuppern zu lassen. Andererseits ist aber auch der ‘moderne Werther‘ zu wertvoll, um nur als Aufhänger benutzt zu werden, daß die Schüler damit unausweichlich zu Goethe kämen.

Beide Romane bedürfen einer intensiven Zuwendung; für beide braucht der Unterrichtende einen langen Atem, der Schüler ebenso. Vergleichen sollte man sie im Unterricht nur, wenn sichergestellt ist, daß unfruchtbare Halbherzigkeiten („hier ein bißchen Goethe" – „dort ein bißchen Plenzdorf") ausgeschlossen werden können. In der Regel ist das nur in

Leistungskursen der gymnasialen Oberstufe, Arbeitsgemeinschaften und mit deutlichen Einschränkungen in Klassen 10 an Gymnasien, Realschulen und Hauptschulen (NRW Typ 10B) möglich.

In den genannten Stufen bzw. Klassen können die zuvor erworbenen Grundlagen einer „poetischen und kritischen Kompetenz" im Literaturunterricht differenziert ausgebaut und vertieft werden.[1*)] Unser Beitrag zielt darauf ab, dem Unterrichtenden, der sich auf eine detaillierte Arbeit mit den „alten und neuen Leiden" im Unterricht einlassen will und kann, aber auch dem von jeder Unterrichts- bzw. Studienverpflichtung unabhängigen Leser unterschiedliche Sichtweisen auf Fragwürdigkeiten und Bedeutung beider Romane nahezubringen. Dies kann nur ausschnitthaft geschehen. Wir hoffen, daß es uns dennoch gelungen ist, die einzelnen Aspekte trennscharf genug und für den Leser nachvollziehbar darzulegen.

Wir wenden uns dabei zunächst Plenzdorfs Roman zu. Damit soll nicht vordergründig dokumentiert werden, daß er uns etwa wichtiger wäre als Goethes "Werther". Wir wollen auch nicht nur schlicht Gewohnheiten durchbrechen, denen zufolge die Reihenfolge der Erhellungen stets umgekehrt ist. Der Leser, der uns unvoreingenommen von der ersten bis zur

---

[1*)] Dieses Begriffspaar begrenzt unseren fachlichen Zielrahmen. Eine ausführliche Begründung dieser beiden Zielstränge H. Ivos im Anspruch eines 'emanzipatorischen Literaturunterrichts' findet der Leser im Grundlagenband der Reihe "BAUSTEINE – Sequenzen für den Literaturunterricht auf der Sekundarstufe I/II" (Hollfeld/Ofr. – Band Nr. 0650).

Wir weisen auf den Band 62 (Goethe, Werthers Leiden) von J. Husmann in unserer Reihe ANALYSEN UND REFLEXIONEN hin. Darin arbeitet die Autorin eindringlich das Problem der "Ambivalenz" heraus.

Die Hochzahlen verweisen auf den jeweiligen Anmerkungsteil im Anschluß an die Hauptkapitel auf den Seiten 39-41, 93-97, 112 u. 114.

letzten Seite folgen will, soll nur, ohne die Überlagerung durch das historische Vorbild, in die Reflexionszusammenhänge um den zeitgenössischen 'Werther-Roman' Plenzdorfs einsteigen können.

Erst dann setzen wir uns mit dem Goethe-Text auseinander. Das Problem des 'dilettantischen Künstlers' steht dabei im Mittelpunkt unseres Interesses.

Den Erhellungen beider Romane schließt sich ein knapper Vergleich der von uns als wesentlich erachteten gemeinsamen Aspekte an.

Kurzvorschläge für ein unterrichtliches Arrangement (Klassen 10) mit punktuellem didaktisch-methodischem Kommentar bilden den Abschluß der Kapitelfolge. In diesem letztgenannten Teil kommt es uns auf die Legitimation einer unterrichtsbezogenen Perspektive an, in der es zentral um die Rolle des Romanhelden in ihrer jeweiligen Zeit und Umgebung geht. Wir gehen dabei von den auch für Schüler leicht zugänglichen *Texten bei Reclam* (Goethe: Die Leiden des jungen Werthers – Nr. 67) *und bei Suhrkamp* (Plenzdorf: Die neuen Leiden des jungen W. – st 300) aus.

Es braucht nicht betont zu werden, daß wir die Kenntnis beider Romane beim Leser voraussetzen. In diesem Sinne handelt es sich auch nicht um eine 'Einführung' in die Werke. Unter der zuvor erwähnten didaktischen Akzentuierung verstehen wir unseren Beitrag vielmehr als eine Bestandsaufnahme und eigenständig-kritische Verarbeitung der wichtigsten Interpretations- und Wertungsansätze innerhalb der begleitenden Literatur zu Plenzdorfs und Goethes Romanen um den "leidenden W.".

I. Ulrich Plenzdorf: Die neuen Leiden des jungen W.

1. Aufriß der Handlungsstruktur, Personenkonstellation, Bauform und des Problemzusammenhangs

Rufen wir uns in Erinnerung:
Edgar Wibeau, 17 Jahre alt und von hugenottischem Geblüt, ist vaterlos aufgewachsen. Seine Mutter hat ihn zu dem erzogen, was man gemeinhin unter einem folgsamen jungen Mann versteht. Umso unvermittelter, so scheint es, 'schmeißt' er seinen Job in der VEB Hydraulik Mittenberg und setzt sich nach Berlin ab. Dort sucht er, zwischen Alleinsein, Hilfsarbeit und Liebesbindung, sich selbst zu verwirklichen: gammelnd, malend, meditierend. Er lebt in den Tag hinein und findet eben jenen „Werther" ganz zufällig auf dem Klo der abbruchreifen Laube, in der er sich wohnlich eingenistet hat. Die Laube gehört den Eltern seines Mittenberger Freundes Willi, mit dem er von Berlin aus in Verbindung geblieben ist.

Nach zwei Monaten etwa entschließt sich Edgar, wieder in die Gesellschaft einzusteigen. Er ist pleite; zudem hat er im Grunde nichts gegen „Arbeit", wenn sie sinnvoll im Dienste der Gemeinschat ist, zu der nun einmal gehört. Er schließt sich einer Maler- und Anstreicherbrigade an. Sie wird von dem ehrgeizigen und wenig flexiblen, humorlosen und ideologisch kurstreuen Addie geführt, mit dem Edgar von seinem ersten Erscheinen an seine Probleme hat. Maßstab und Orientierung wird für ihn Zaremba, ein alter Fuchs in dieser Brigade, ein ausgeprägter Individualist zwar, der aber die Hierarchie und Normen innerhalb der Brigade auf seine Weise akzeptiert und stützt. Doch auch hier hält es Edgar nicht lange aus. Nach einem mißlungenen Test eines vom Kollektiv entwickelten Farbspritzgerätes macht sich Edgar allein an die Weiter- und Neuentwicklung seines sensationellen "NFG" (nebelloses Farbspritzgerät). Damit möchte er seine Rückkehr in die Gesellschaft 'feiern'.[1] Durch einen Starkstromschlag kommt er im Endstadium der Versuche mit diesem Gerät ums Leben.

Ein unausweichliches, ein folgerichtiges Ende?
Aus der Summe der retrospektiv versammelten Lebensdaten Edgar Wibeaus läßt sich weder eine Zwangsläufigkeit noch eine Folgerichtigkeit seines Todes ableiten oder begründen. Mit dieser Einschätzung befinden wir uns in 'guter Gesellschaft'[2], aber im Widerspruch zu jenen, etwa W. Werth, für die der Tod Edgars die einzige Konsequenz im Roman Plenzdorfs sein konnte.[3] Wir gehen an anderer Stelle darauf näher ein.

Doch zunächst einmal war die Frage nach den Gründen für die Akzeptanz des Romans und seines Helden besonders beim jugendlichen Leser gestellt, eines jungen Mannes „voller Widersprüche, schüchtern und herausfordernd, sanft und aggressiv, geduldig und aufbrausend, scharfsinnig und töricht, ein(es) Faulenzer(s) und besessen(en) Arbeiter(s), ein(es) Träumer(s) und Realisten“, wie Edgar Wibeau von L. Lucas charakterisiert wird.[4]

Wir finden dieses Charakterbild sehr zutreffend, und Schüleräußerungen zufolge ist es gerade diese Zerrissenheit mit dem Grundzug einer sehr wachen und reifen Lebensskepsis, in der Gleichaltrige sich mit denselben oder ganz ähnlichen Problemerfahrungen wiedererkennen können.[5] Darin ist Edgar eben 'mehr Held', als es ein „Götz“ oder „Werther” je vermöchten. Natürlich kommt auch die saloppe Sprache, die Plenzdorf seinem Helden in den Mund legt, beim jungen Leser gut an.[6] Nicht zuletzt werden Erwartung und Interesse des Lesers dadurch geweckt, daß die Romanhandlung in der DDR angesiedelt ist und (ausgerechnet) von einem Schriftsteller aus dem anderen Teil Deutschlands geschrieben wurde.

Plenzdorfs Roman ist dramaturgisch geschickt und anspruchsvoll aufgebaut. Man erkennt den Dramatiker und Drehbuchautor mit dem besonderen Blick für das lebendige szenische Detail und aktionsbestimmte Situationsarrangement. Vielfach wird dem Roman die künstlerische Qualität abgesprochen, nicht zu unrecht, wenn man Plenzdorfs Roman am Vergleichsmaßstab anderer bahnbrechender Romanerstlinge unserer Zeit festmacht, beispielsweise an D. J. Salinger's "The Catcher in the Rye", der neben dem „Werther” für die „neuen Leiden“ auch Pate gestanden hat.

Nachdem Edgars Tod öffentlich bekanntgegeben worden ist, recherchiert sein Vater die Lebensumstände des Sohnes bis zu dessen Tod. Dabei erschließt sich ihm (und dem Leser) mosaikhaft aus vielen Einzelheiten die Persönlichkeit des jungen Mannes.

Wie für das Bühnenstück sind (nach L. Lukas) „Dialog, Rückblende, epischer Bericht und Kommentar“ die beherrschenden Strukturprinzipien des Romans. F.J. Raddatz pointiert folgendermaßen: „Allem zugrunde liegt ein unnaives Literaturkonzept. Hier liegt die eigentliche Gegenpostition zum Werther: Plenzdorf erzählt überhaupt nicht, er demonstriert, führt seinen Edgar Wibeau gegen Edgar Wibeau vor. Dieses Moment des Analytischen bestimmt den Duktus des Buches. Die literarischen Mittel entsprechen dem aufs genaueste – Notiz, Bericht, Interview, innerer Monolog, Montage; lauter erzählerische ‘Aufhaltsamkeiten‘...“[7] In solcherart sequenzartig erzeugten Situationen wird ein Handlungskontinuum sichtbar, dessen Achse die Liebesbeziehung Edgar-Charlie ist.

Leppla/Fischer heben als wichtige Strukturmomente die „Dialog-Ebenen“ (Vater-Gesprächspartner) und die „Kommentarebene“ (Edgars Eindringen aus dem Jenseits in die Dialoge – „Jenseitskommentare“) hervor.[8] Sie und die zentrale Funktion der Werther-Zitate stehen auch im Mittelpunkt unserer Reflexionen und Analysen.

Im weiten Feld der Auseinandersetzungen mit Plenzdorfs „neuen Leiden“ sind im wesentlichen drei Hauptrichtungen zu unterscheiden:[9]

- Die Germanisten der Bundesrepublik sehen in dem Roman vorrangig eine Adaption des Werther-Stoffes.
- Mehr als gesellschaftskritischen Roman sehen ihn Kritiker und Wissenschaftler in der DDR.
- Die „neuen Leiden“ als „kulturpolitisches Paradigma“ der DDR in den frühen Siebzigern ist die dritte Sichtweise, die vornehmlich im Westen favorisiert wird.

Leppla/Fischer rücken einen interessanten vierten Ansatz in den Vordergrund ihrer Betrachtungen, ohne die Richtigkeit oder Bedeutung eines der zuvor genannten Ansätze verwerfen zu wollen: Für sie stellt sich der Roman – (zunächst) außerhalb jeder gesellschaftlich und politisch fixierten Bezugsebene – als ein Stück „Jugendliteratur“ dar, d.h. „als Literatur, die sich mit dem Problemen Jugendlicher intensiv auseinandersetzt und die auch von Jugendlichen bereitwillig rezipiert wird.“ [10)]

Wir neigen dazu, uns dieser letzten Auffassung anzuschließen. In aller Eindringlichkeit möchten wir allerdings auch davor warnen, die gesellschaftspolitischen Rahmenbedingungen im Entstehungsumfeld des Romans auszuklammern oder sie allzu simpel zu nivellieren. Es darf nicht übersehen werden, welche Rolle die Alltagsrealität des Gesellschaftssystems, in dem Plenzdorf lebt, beim Zustandekommen dieses Romans spielte (vgl. Kapitel: „Edgar und sein Autor“ – 1.5).

An dieser Stelle möchten wir die handlungsbestimmenden Komponenten des Romans aus dem Umfeld seiner Hauptfiguren knapp zusammenfassen und sodann in einem Schaubild elemetarisieren, ehe wir uns den einzelnen Aspekten detaillierter zuwenden. Bezogen auf den jugendlichen Leser (Aspekt: „Jugendliteratur“) erscheinen uns folgende Zusammenhänge im Roman besonders bedeutsam:

- Edgar ist vaterlos aufgewachsen; seine Mutter hat ihn (Edgar) nie verstanden.
- Edgar nimmt die erstbeste Gelegenheit wahr, sich dem Anpassungsdruck in Erziehung und Ausbildung sowie der provinziellen Enge Mittenbergs zu entziehen, die seinen Anlagen und seinem Charakter nicht entsprechen (können).
- Edgar sieht sich in Berlin bestätigt,
- zugleich führt ihm aber die differenzierte Vielfalt der Menschen, mit denen er zu tun hat, ein weiteres Stück unausweichlicher Realität und sein eigenes Problem klar vor Augen.
- Die Lektüre des „Werther“ verdeutlicht ihm zusätzlich die eigene Situation. Das Buch hilft ihm, seinen (Aus-)Weg klarer zu definieren.

- Edgar will sich der Gesellschaft nicht entziehen, sondern er ist auf der Suche nach einem ihr und ihm selbst gemäßen Einstieg. Er isoliert sich mit dem Ziel der Reintegration.
- Edgar hat ein eindeutig positives Lebensziel; er setzt auf die individuelle Verwirklichung seines Lebensplanes.
- Der Unfalltod Edgars soll den Reflexionsprozeß des Lesers in Gang setzen. Er kann kaum als „zielgeleitete Handlung" (= Selbsttötung) gedeutet werden.

Das Schaubild will dem Leser eine optische Gliederungshilfe der Konflikt- und Identifikationsebenen Edgar Wibeaus geben, die im Leben des jungen Mannes jene von L. Lukas so treffend charakterisierte Zerrissenheit zwischen „Konformität" und „Individualität" verursachen:

Schaubild der Konflikt- und Identifikationsebenen Edgar Wibeaus

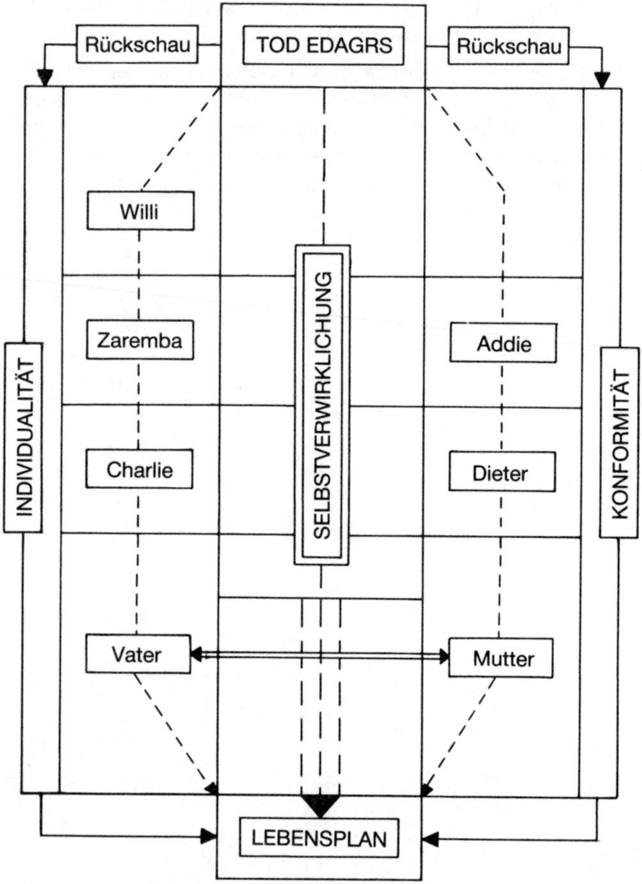

2. Edgar und die anderen

Die Figuren dieses Romans haben primär Katalysatorenfunktionen. Sie sind statisch und grobflächig angelegt und haben ausschließlich insofern Bedeutung, als sie zum Widerpart der Zentralfigur Edgar Wibeau werden.[11] Die knappen Dialoge (Vater-Gesprächspartner) sind demzufolge meistens bloße Anstöße zum Bestimmen und Isolieren einer Grundsituation, in die Edgars Kommentare fließend, relativierend, zusammenhangkonstituierend und – aus 'jenseitiger Distanz', gewissermaßen aus der Perspektive des umfassend Informierten – korrigierend einfallen, so daß sie gegen Ende des Romans „fast ganz den Raum des Erzählens" einnehmen.[12] Da Edgar seine eigenen Handlungen und die der anderen nicht nur kommentiert, sonder häufigst auch *interpretiert*, werden dem Leser „Relativierung und Objektivierung"[13] geradezu abverlangt, d.h. es wird eine doppelte Brechung von Handlungen, Zuständen und Gedanken impliziert. Darin liegt etwas ungemein Didaktisches, aber auch schlicht ein Teil des Lesevergnügens: Der Leser wird ganz zum 'Mitspieler' gemacht und in das gesamte Kommunikationsgeschehen einbezogen, er muß sich – im doppelten Wortsinne – Edgar Wibeau stellen.

Kommen wir gleich zu einer der Kernfragen des Romans, zu den Fluchtmotiven Edgars. In engster Verknüpfung damit ist die Rolle der Eltern Wibeau zu sehen und die Frage nach ihrem 'Schuldanteil' an Edgars Scheitern insgesamt. Edgar gibt dazu eine unmißverständliche Erklärung ab: „... Damit sind wir beim Thema, weshalb ich zu Hause kündigte. Ich hatte einfach genug davon, als lebender Beweis dafür rumzulaufen, daß man einen Jungen auch *sehr* gut ohne Vater erziehen kann. Das sollte es doch sein. An einem Tag war ich mal auf den blöden Gedanken gekommen, was gewesen wäre, wenn ich plötzlich abkratzen müßte, schwarze Pocken oder was. Ich meine, was ich dann vom Leben gehabt hätte. Den Gedanken wurde ich einfach nicht mehr los ..." (S. 23).

Aufgrund dieser Aussage ist man rasch geneigt, die Eltern, namentlich Frau Wibeau, für Edgars verkorkste Jugend und für alles Folgende verantwortlich zu machen. Mutter Wibeau hat gegenüber ihrem Sohn eindeutig versagt, sein Wesen und seinen Charakter gründlich verkannt, während sie ihn zum „Musterknaben“ zu trimmen versuchte. Mag sie auch ihren persönlichen Frust, immerhin ist ihr der Mann davongelaufen, in anerkennenswerter Weise mit Arbeit und Selbstdisziplin neutralisiert haben, ihrem Naturell und ihren Charaktereigenschaften nach ist sie eine Frau ohne jedes (psychologische) Einfühlungsvermögen: ichbezogen-zielbewußt, ehrgeizig und im Rahmen ihrer beruflichen Bestrebungen erfolgreich, eine systembewußte Karrierefrau. Diesen Stempel hat sie ihrem Jungen aufdrücken wollen als Wertmaßstab für sein eigenes Leben. Doch damit hat sie ziemlich weit danebengegriffen. Denn weder hat sie jemals das Vertrauen ihres Sohnes wirklich gewinnen, noch sein Verhalten sensibel genug einschätzen können, wie sich in kennzeichnender Weise bei Edgars Konfrontation mit Flemming, dem Ausbilder-Meister des Betriebes, zeigt. Als Edgar sich ihm gegenüber nicht wie gewohnt ‘musterhaft‘ verhält, gibt Mutter Wibeau eine ebenso unzutreffende wie klischeehaft-undifferenzierte Beurteilung gemäß ihren eigenen festliegenden Ordnungs- und Normvorstellungen ab, an denen sie sich in ihrer Enttäuschung und angeknackstem Selbstwertgefühl aber sofort wieder hochzieht. Sie setzt das Verhalten Edgars mit „Rowdy“-Verhalten gleich (S. 11), und just das kann man Edgar nicht nachsagen, wie der Leser selbst weiß.

Edgar liebt seine Mutter, freilich mit der von ihm selbst verachteten Anpassungsbereitschaft, um ihr „keinen Ärger“ zu machen (S. 22). Hier liegt, von ihm selbst klar erkannt, *sein* Teil des Versagens. Er hat wider besseres Wissen und Empfinden geschwiegen, die gemeinsam begangenen Schwächen und Fehler aus Bequemlichkeit toleriert, ja ihre Entwicklung begünstigt. Mit seinem abrupten Ausstieg trifft er eine Entscheidung von großer Tragweite und ganz eigener Qualität, die seine Mutter nie treffen würde und darum auch nicht verstehen kann, im Wissen, daß es zu spät ist für eine eventuelle (nachträgliche) Korrektur ihrer Beziehungen, wenn eine solche überhaupt jemals möglich gewesen ist.

Während also Edgars Mutter ihren Einfluß ebenso direkt wie vergeblich ausübt, hat der Vater einen nur indirekten, aber nicht weniger entscheidenden Anteil an der Entwicklung Edgars. Sein Fehlen wird für den Heranwachsenden naturgemäß zu einem ganz spezifischen Problem, das Edgar nonchalant *verbal* zu überspielen versucht (S. 21). Edgar spürt die Blutsbande und vermißt das Vorbild, obwohl er in seiner Situation gar keines haben will und sich dann noch selbstironisch ein Vorbild setzt: „Mein größtes Vorbild ist Edgar Wibeau. Ich möchte so werden, wie er mal wird." (S. 15)

Der Vater verließ die Familie, als Edgar fünf Jahre alt war. Von ihm hat er den „Hugenottenblutdruck" (S. 14), das durchaus hitzige Temperament, seinen Stolz, die Unrast und seine erfrischend optimistische Lebenseinstellung, die in keinem Widerspruch zu seiner Skepsis steht. – Hier der Konflikt mit einer besitzergreifenden Mutter, dort eine Art Haßliebe zu einem einzelgängerischen Vater, den er nur von gelegentlichen Kartengrüßen her kennt. Mit einiger Zwangsläufigkeit mündet diese Leere, die das Fehlen des einen und die Anwesenheit des anderen Elternteils verursachen, in jene konkrete Frage nach dem Sinn und Zweck des Lebens (S. 23), die sich früher oder später jeder (junge) Mensch stellt, und auf die jeder eine Antwort sucht.

Edgar flieht nicht in die Resignation, sondern nimmt sich den Mut zu *seiner* Freiheit, zur Suche nach einem positiven Lebensziel. – Vaterbild = Sohnesbild?

Es scheint so. Wir unterstellen dies begründet, denn der Beziehungskreis Vater-Sohn schließt sich (doch noch), wenn es auch zu spät ist für gemeinsam zu durchmessende Erfahrungsräume. Immerhin ist es Vater Wibeau, den Plenzdorf recherchieren läßt, und der damit den Weg zu seinem Sohn findet, ganz glaubwürdig und ohne jeden Anflug von falscher Sentimentalität.

Doch die Rollenerwartungen werden nicht ausschließlich von der Mutter gestellt, und die Kontaktdefizite sind nicht allein im Fehlen eines Vaters begründet. Die Mittenberger Welt mit all ihren Menschen und Erscheinungsformen nährt Edgars

Grundgefühle des Widerstandes und artikulierten Aufbegehrens: „Ich glaube, die meisten wollen die Welt sehen. Wer von sich behauptet: nein – der lügt. Ich stieg immer sofort aus, wenn einer behauptete, Mittenberg das sollte schon die Welt sein.“ (S. 41, 42)

Edgar setzt sich erkennbar gegen alles Normierte und ihn Normierende ein. Seine kreative Energie verschafft ihm zunächst seinen spektakulären Auftritt und Abgang; sie führt ihn aber auch weiter auf dem Wege zur Selbstfindung und Bewältigung seines Problems.

Für H. Kaschuge liegt aufgrund dieser Gegebenheiten der Schluß nahe, daß Edgars Reaktionen normal und alterstypisch sind, gar ohne weiteres auf unsere Verhältnisse übertragen werden können: „Edgars Flucht aus der Gesellschaft, die mit einer Flucht vor auferlegten Lebenszwängen gleichzusetzen ist, scheint auch ein plausibler Schritt für viele Jugendliche unserer Gesellschaft, denn Leistung prägt ja unsere gesellschaftliche Situation. Nicht nur schulisch, sondern auch beruflich werden Jugendliche mehr denn je Leistungszwängen ausgesetzt, denn nur die Leistungsfähigsten unter ihnen haben eine Chance, eine gesicherte gesellschaftliche Position zu erlangen.“[14] Diese Aussage legitimiert sich ganz unverkrampft aus dem Text, denn Edgars Protest-Aufbruch entspricht tatsächlich dem geradezu übermütigen 'beat-and-jeans-drive' der jungen Generation jener Jahre[15] in ihrer Ablehnung der Erwachsenenwelt schlechthin, die sich deshalb so spontan auf die Seite von Plenzdorfs (fast romantischem) Helden schlug und heute – unter modifizierten Voraussetzungen – in ihm immer noch einen aus ihren Kreisen sieht.

Die übrigren (Roman-)Figuren, die als 'Zufallsbegegnungen' Edgars Gesichtskreis mehr oder weniger intensiv begrenzen, bringen ihn sich selbst jedoch entscheidend näher. Da ist z.B. sein Mittenberger Intimus Willi, Edgars Dauerverbindung, Brücke zur 'alten Welt', im Roman die wichtigste Kommunikationsstation als Empfänger der Tonbänder, die Edgar ihm in unregelmäßigen Abständen schickt. Die beiden kennen sich lange und gut. Willi schätzt die komplexen Anlagen seines

Freundes und beurteilt sie zutreffender, als es die anderen tun, obwohl er selbst schlichter veranlagt, mit F. Plates Worten „eine linkisch-brave Gestalt" ist.[16] – Auch Edgar seinerseits hält große Stücke auf Willi: „Du bist in Ordnung, Willi. Du kannst so bleiben. Du bist ein Steher..." (S. 28). Sie teilen beide die Leidenschaft für die Malerei („abstrakt", S. 20), ohne sich für große Künstler zu halten, und träumen von einer Rolle, einem Lebensort außerhalb der Normalität, außerhalb des Alltäglichen. Willi schwimmt im Kielwasser Edgars – (in der Schlußszene der Urfassung für die Bühne heißt es: „fühlt sich wohl in Gesellschaft Edgars"). Davon schwingt im Roman deutlich etwas mit. Das macht Edgar als den Überlegenen, den Initiativfreudigeren, nur umso sympathischer, sei er nun der „Rebell", der „Luftikus" oder das „verkannte Genie", wie Edgar sich selbst gern selbstironisch nennt, macht aber auch nach F. Plates Ansicht Plenzdorf, der zu sehr in „seinen Edgar verliebt" sei[17], und den Roman recht angreifbar, denn nichts werde wirklich hinterfragt, problematisiert.

Verhindert die dominante Hauptfigur mit ihren charmant-liebenswerten Zügen das wirklich? Wir sind anderer Auffassung. Es wird genügend Material verdichtet, an dem sich Fragen im Schock geradezu aufdrängen, und an dem der Blick auf tiefliegende Probleme freigegeben wird. Wir sollten uns bewußt machen, daß Plenzdorf diesen Roman auf „Auslegbarkeit" hin geschrieben hat[18], dabei sind Situationen, Personen und Perspektiven vielfach nur angedeutet. Uns will scheinen, daß die Dominanz des Edgar Wibeau nichts verdrängt, sondern eher zusammendrängt – konzentriert.

Von den Männern der Brigade besitzt nur Zaremba eigenes Profil. Zaremba ist ein Erzkommunist, der das System und seine Menschen kennt. Edgar faßt spontan Vertrauen und Zuneigung zu ihm. Zaremba, von Edgar liebevoll als ein „Vieh" tituliert (S. 89), ist über siebzig. In der Urfassung umreißt ihn Plenzdorf als Bühnengestalt sehr scharf: „Zaremba ist siebzig und mehr, aber beweglich wie nur einer. Klein, drahtig, verfilzte und verfärbte Augenbrauen, abgefressene Haare von undefinierbarer Farbe. Schweinsäuglein." – Nicht eben sehr sympathisch. Für Edgar besteht er „nur aus Haut und Knochen“ (S. 89), und es imponiert ihm ungemein, daß Zaremba es in seinem Alter noch mit „Weibern hat“, was Edgar ‘live‘ aus nächster Nähe mitkriegt (S. 90). Auf der Arbeitsstelle entpuppt sich Zaremba als wahres Unikum. Edgar sieht ihm Grobheiten nach, und ohne Zaremba hätte er sofort wieder kehrtgemacht. Zaremba hat mit seinem mehrdeutig modulierten „no“ und „herich“ die Truppe fest im Griff, obwohl er Addie den Rang in keiner Weise streitig macht. Auch Addie läßt sich, wenn nötig und nur widerstrebend, von ihm leiten. An Edgars Krankenbett in der Laube bringt er sogar eine Entschuldigung zustande (S. 111, 112), fraglos Zarembas Einfluß. Der alte Kommunist Zaremba ist ein großer Individualist, der Edgars Vorstellungen von Freiheit und Unabhängigkeit, Daseinsbejahung und Selbstverwirklichung lebt und als Beispiel täglisch aufs Neue nährt.

Ihn, dem das Leben das Gesicht gekerbt hat (– Zaremba ist alter Spanienkämpfer –), kann nichts mehr wirklich aus der Fassung bringen, und wer wollte ihm in Sachen ‘Ideologie‘ noch etwas vormachen ...

Edgar hingegen ist ein junger Mann, der sich erst abschleifen muß. Zaremba wittert das Besondere an ihm, die hervorragenden Anlagen in dem leichten, doch nicht oberflächlichen Naturell, und geht deshalb behutsam mit ihm um. Auch wenn er Edgar nicht ganz genau einordnen kann, erkennt Zaremba die Ebenbürtigkeit des Jüngeren an. Und das hebt Edgar hoch. Zaremba steht voll zu ihm und läßt es sich auch nicht nehmen, ihn zusammen mit Addie, Jonas und einem anderen Arbeiter der Brigade nach dem ‘Unfalltod‘ auf der Bahre aus der Laube zu tragen.

Zaremba denkt, erklärt, gleicht aus. Er ist außerdem ein hervorragender Arbeiter („Zaremba malte wie eine Maschine“ – S. 91), eine wirkliche Persönlichkeit in einem System, das genug technokratische Funktionäre hat (Frau Wibeau, Flemming, Addie, vielleicht später auch Dieter einmal), aber zu wenig Menschen. Zaremba trägt alle Züge einer Idealfigur, einer Vaterfigur für Edgar: souverän und kompetent in der

Sache, großzügig und tolerant; wenn es darauf ankommt, politisch zuverlässig ohne ideologische Thesentreterei; vorausschauend und entscheidungsbewußt; eigenständig im Denken und Handeln, dabei voller Witz und Humor.

Als einziger der engeren Vertrauten Edgars wird Zaremba von Vater Wibeau nicht aufgesucht. Wir sind in diesem Falle ausschließlich auf Edgars Schilderungen und Beurteilungen angewiesen. Es überrascht nicht, daß er seine ganze Hochachtung und Verehrung für diesen Mann in einer bemerkenswerten Gleichsetzung zusammendrängt: „Schiller und Goethe und die, das waren vielleicht wertvolle Menschen. Oder Zaremba." (S. 87)

Edgars Beziehung zu Charlie (Charlotte) bildet die eigentliche Fabel des Romans. Sie ist eine zarte Liebesgeschichte trotz der teils starken, teils saloppen Sprüche, die Edgar drauf hat. Doch entspricht der Ton auch hier ganz der Ausdruckswelt der Jugendlichen, die sich nach außen gern kernig und 'unromantisch' geben.

Die Romanze nimmt im Roman den größten Raum ein. Sie beginnt mit Herrn Wibeaus Nachforschungen, im Verlauf derer er zu Charlie kommt (S. 43) und endet mit dem Abbruch der Beziehungen durch Charlie und Edgars abschließenden Reflexionen darüber (S. 139).

Charlie ist Kindergärtnerin und mit Dieter, einem strebsamen jungen Intellektuellen, fest liiert. Bei einem ihrer „Ausläufe" entdecken Kinder den seltsamen Laubenbewohner, und es bahnt sich zwischen den beiden jungen Leuten eine Verbindung an, die mit ganz unterschiedlicher Intensität von Charlie und Edgar gesucht und erlebt wird.

Edgar begehrt Charlie von Anfang an – (er war nie prüde); in richtiger Einschätzung ihrer wahrscheinlichen Reaktionen aber dosiert er vorsichtshalber das Tempo seines Vorgehens (S. 54). Charlie empfindet eher Neugier, Freundschaft, ein Stückchen Bekehrungswillen ihm gegenüber, sicherlich keine Gefühle des Verlanges oder gar der Liebe. In seiner unbekümmerten und stets eigenwillig-überraschenden Art stellt Edgar für Charlie die willkommene Ergänzung zu Dieter dar, ihrem späteren Ehemann – einem von ihr zeitweilig schroff abgelehnten Streber und Spießer.

Im Laufe der Beziehungen gelingt es Edgar, dem unkompliziert erscheinenden Gewinner-Typ, der bei Mädchen immer ankam, Charlies Sinnlichkeit zu wecken. Er heuchelt jedoch Gleichgültigkeit und Desinteresse, als Dieter, der inzwischen aus der Armee zurückgekehrt ist, ihn zusammen mit Charlie besucht. Edgar tut aber alles, um Dieter zu provozieren, und gibt damit zu erkennen, daß ihn die feste Bindung Charlies an Dieter stört, sogar betroffen macht. Dieses Betroffensein verbleibt allerdings vor der Leidschwelle, d.h. es kommt nicht aus seinem Innersten, denn bis dahin ist der Schmerz gar nicht durchgedrungen.

Die Verbindung zwischen Charlie und Edgar reißt vorübergehend ab und lebt erst wieder nach einer Einladung Charlies an Edgar auf (S. 117). Edgars Reaktion beweist, daß er nur darauf gewartet hat, um doch noch zum Zuge zu kommen. Tatsächlich erreicht die Begegnung während eines Boots-Ausflugs bei strömendem Regen einen leidenschaftlichen Höhepunkt (S. 132-134), der zugleich das Ende ihres Verhältnisses herbeiführt. Charlie hat ein schlechtes Gewissen wegen ihrer Nachgiebigkeit und rennt davon. Edgar hält sie nicht auf (S. 135). Im Augenblick der Trennung konzentriert er sich bereits wieder auf seine Erfindung, die er niemals wirklich aus seinen Gedanken verdrängt oder gar verloren hat.

Für H. Rubinbstein wirkt diese Charlie „liebenswert, aber auch bereits festgestanzt“[19], und J. Kaiser charakterisiert sie gar als „Typ eines Mädchens, das Kindergärtnerin und liebende Gattin und Freundin mit der Tendenz zum sozialen Abgrund ist.“[20]

Charlie äußert gegenüber Herrn Wibeau ihre gespaltenen Gefühle, die sie für Edgar empfunden hat (S. 44-48; 57, 64, 85). Über ihre persönlichen Probleme, die zweifellos vorhanden sind, spricht sie nicht. Deshalb befindet Reich-Ranicki, daß die Dreiecksgeschichte „blaß und schemenhaft“ bleibt, da Dieter und vor allem Charlie „pure Schemen sind“.[21]

Das Unausgeführte der Roman-Figuren (– über den Andeutungsscharakter haben wir uns an anderer Stelle schon geäußert –) kann allerdings grundlegende Charakterzüge und Beweggründe für ihr Handeln nicht verdecken, sie sind trotzdem evident. Charlie verkörpert für Edgar durchaus so etwas wie eine 'Traumfrau', wenn er es sich auch später erst eingesteht. Vordergründig ist sie nicht mehr als eine reizvolle Unterbrechung seiner Lauben-Idylle, 'Beuteobjekt' des Mannes und 'Opfer' eines Feldzuges, der eigentlich gegen Dieter, die Verkörperung des von Edgar gehaßten Spießertums, gerichtet ist (S. 77).

Charlie erscheint Edgar in vielen Belangen überlegen. Sie besitzt die kühle Cleverness, die ihm fehlt (in der Urfassung heißt es: „...wache, ganz junge Frau ..." – S. 91). Die von ihr eingesetzten Mittel sind zielklar begrenzt (Urfassung: „Spielen liegt ihr im Grunde nicht." – S. 98), aber sie ist als Frau begehrenswert wegen ihrer natürlichen erotischen Ausstrahlung mit einem Schuß herausfordernder Verruchtheit. Politisch verhält sie sich 'kursstabil', wenn auch nicht herausragend engagiert.

Erst zwei Tage vor seinem Tode kommt in Edgar ein tieferes Gefühl für sie auf.

Die Begegnung mit Charlie ist von zentraler Bedeutung für Edgar. Durch sie macht er zwei grundsätzliche Erfahrungen: Eine *soziale*, die ihm zeigt, daß er für eine Zweier-Beziehung noch nicht reif genung ist, und eine *intellektuelle*, die ihm hilft, den „Werther" besser zu verstehen. Beide Erfahrungen zusammen verhelfen ihm zur vertieften Einsicht in seine eigene Verstiegenheit, aus der ihn – wie er meint – allein der erfolgreiche Abschluß seiner Erfindung herausbringen kann.

3. Edgar und die Bücher

Im Reflektieren der eigenen Situation („Jenseits-Kommentare") geht Edgar Wibeau ehrlich, selbstkritisch und selbstironisch mit sich ins Gericht. – Er hat ja auch nichts mehr zu verlieren ...

Daß dabei manche seiner Aussagen im Widerspruch zu denen seiner Mutter, Charlies und selbst Willis stehen, macht sie (und Edgar) nur umso glaubwürdiger. Sie verraten aber auch den noch ungesicherten Standort des jungen Mannes, der kein Kämpfer ist 'mit dem Rücken zur Wand', schon gar kein Ideologe. Edgar Wibeau ist eher labil. Immer dann, wenn er abgewiesen wird, neigt er zum Davonlaufen. Zum Schluß, in der Bilanzierung der eigenen Stärken und Schwächen, konstatiert er: „Das war vielleicht mein größter Fehler: Ich war zeitlebens schlecht im Nehmen. Ich konnte einfach nichts einstecken." (S. 147)

Zentraler Punkt der den eigenen Standort auslotenden Reflexionen Edgars sind eben die privaten und allgemein-öffentlichen Verhältnisse des Gesellschaftssystems, in dem er nicht 'zu Hause' ist und das offenkundig keinen Sinn hat für „emotionale Empfindungen und Stimmungen".[23] – (Als eines der Negativbeispiele sei noch einmal Edgars Mutter erwähnt.) Als Ausdruck einer wachsenden Ich-Entfaltung rücken dabei – neben der provozierend zur Schau getragenen 'Beat- und Jeansideologie' – Edgars Lektüreneigungen (im lebhaftesten Eintreten für J.D. Salinger) und die maßgeblich zur Selbstfindung führenden Werther-Zitate mehr und mehr in den Mittelpunkt der Kommentare (S. 33 ff.). Die Person Dieters wird zum auffälligsten Widerpart. An ihm entzündet sich Edgars Abneigung gegen alles Konventionelle, gegen die Welt der 'geregelten Bedürfnisse'. Im Aufeinanderprall der Lektüre-Gewohnheiten Edgars und Dieters kristallisiert sich ganz plastisch auch die große geistige Distanz des rebellischen jungen Mannes zum Kulturestablishment generell heraus:

„Als nächstes nahm ich mir seine Bücher vor. Er hatte die Masse. Alles unter Glas. Alle der Größe nach geordnet. Ich sackte zusammen. Meine Meinung zu Büchern hab ich wohl schon gesagt. Ich weiß nicht, was er alles hatte. Garantiert alle diese guten Bücher ..." (S. 80).

Edgar hat zu diesem Zeitpunkt das Stadium einer 'naiven' Werther-Rezeption bereits hinter sich gelassen und schreitet mit den zunehmend maßvoller und zentrierter angebrachten Schüssen aus seiner „Werther-Pistole" vom bloßen effekthaschenden Zitieren zum selbsterkennenden Begreifen beinahe systematisch voran. – Ehe Edgar den „Werther" in die

Hände bekommt, sind von den „zig Milliarden und das mal zwei Büchern" der 'Robinson Crusoe' und das andere, „von diesem Salinger" (S. 33), seine bevorzugten Bücher. Zu Salinger hatte Edgar eine ganz spontane und intensive Beziehung: „Dieser Salinger ist ein edler Kerl ..." (S. 33) Der Held dieses Leit- und Signalbuches beeinflußt seine Lebenseinstellung ganz entscheidend. Werfen wir zunächst einen kurzen Blick auf D.J. Salingers Roman "The Catcher in the Rye", der für Edgar Wibeau *das* Buch schlechthin ist.

Am 16. Juli 1951 erschienen, wurde Salingers „Der Fänger im Roggen" erst gut zwei Jahre später ein wirklicher Bestseller, wenn auch nur für die kurze Zeit eines halben Jahres. Heute zählt der Roman zu den Klassikern der modernen amerikanischen Literatur. Er wurde für Plenzdorf das leitende Vorbild, sowohl was die Figur seines Romanhelden als auch die formalen Besonderheiten angeht. In einem Interview bekannte sich Plenzdorf freimütig zu seinen literarischen Bezugsgrößen: „Ich teile da völlig Edgars Meinung zu diesem Thema."[23) –

Kein Wunder, daß sich die Erhellung zur Handlung und Erzähltechnik des berühmten Salinger-Romans in der Sekundärliteratur nahezu identisch zu Plenzdorfs „neuen Leiden" ausnehmen: „... Die eigentliche Handlung des 'Catcher' ist auf eine Zeitspanne von vier Tagen beschränkt und denkbar unkompliziert. Der Erzähler Holden Caulfield berichtet über seine Relegation von der Schule, seine Fahrt nach New York kurz vor den Weihnachtsfeiertagen und die Erfahrungen, die er während dieser Zeit macht (...) Die Technik der Abschweifungen und Kommentare, die der Erzähler verwendet, (...), verleihen dieser Erzählung jedoch ihren besonderen Charakter. Der Roman besteht aus 26 Abschnitten, die als Kapitel bezeichnet werden können (...) Holden erzählt seine Geschichte aus der Retrospektive. Während des Handlungsablaufs war er sechzehn, zum Zeitpunkt seiner Berichterstattung ist er siebzehn Jahre alt (...)."

Vor diesem Hintergrund muß Edgar Wibeaus Haltung als vollkommen 'unpolitisch' eingestuft werden. Mit einem Seitenblick auf den Salinger-Roman formuliert dann M. Reich-

Ranicki auch sehr pointiert: „Wie es dort nicht nur um den Kapitalismus ging, geht es auch hier nicht um den Sozialismus (...) Wogegen sie naiv und trotzig protestieren, sind die Formen des Zusammenlebens, die sie für unerträglich deshalb halten, weil sie ihre Selbstverwirklichung permanent verhindern."[24] –

Der auf dem Lauben-Klo gefunden „Werther" gewinnt – wie nichts anderes – für Edgars zukünftiges Leben entscheidende Bedeutung, ist *die* Erfahrung seines Lebens überhaupt. Zunächst, eben nur als zufällige Fundsache, ist das Heft für ihn nicht mehr als ein Mittel, die Eintönigkeit und die Langeweile, die sich in seinem neuen Dasein bald einstellen, zu überbrükken. Der von Plenzdorf bestimmte Fundort ist dabei ebenso kennzeichnend für Edgars (anfängliches) Verhältnis zu diesem *Roman* wie zu *sich selbst*: „... Und kein Papier, Leute. Ich fummelte wie ein Irrer in dem ganzen Klo rum. Und dabei kriegte ich dann dieses berühmte Buch oder Heft in die Klauen ..." (S. 35) Edgar mokiert sich heftig über den „Vogel", den er schon nach wenigen Seiten „in die Ecke schoß", und hält sich an dem ihm befremdlich erscheinenden Inhalt vordergründig auf: „Der Kerl in diesem Buch, dieser Werther, wie er hieß, macht am Schluß Selbstmord. Gibt einfach den Löffel ab. Schießt sich ein Loch in seine olle Birne, weil er die Frau nicht kriegen kann, die er haben will, und tut sich ungeheur leid dabei ..." (S. 36) Edgar weiß auch mit der 'antiquierten' Sprache nichts anzufangen. Zur Grundproblematik des Buches und zur eigentlichen 'message' findet er 'ad hoc' gar keinen Zugang. Immerhin beschäftigt ihn der Romanausgang als Schlüsselreiz für das Ergründen seiner eigenen Situation. Er entnimmt ihm und seinem Helden mehr und mehr 'Sinn'. Was zunächst gelegentlich als Gag zitiert wird, erhält in ständig wachsender Bewußheit Edgars Richtung und Ziel.

Wirklich fragwürdig aber wird der Text ihm erst, als Charlie auftaucht. Bald ist er ihm ein wahrer 'Freund und Helfer', aus dem er mit seinem hervorragend funktionierenden Gedächtnis ganze Passagen auswendig zitiert. Schließlich hat es die Qualität eines persönlichen Besitzes angenommen.

Zu seinem Erstaunen erkennt Edgar in dem „blöden Buch" rasch einen gewissen Nutzwert („Dieser Werther hatte sich wirklich nützliche Dinge aus den Fingern gesaugt." – S. 76). Das Buch wird ihm gar zur schärfsten Waffe, zu seiner „Pistole", die er nach Belieben abschießt, um seine Gesprächspartner zu schockieren, so Dieter („Mein Freund ..., der Mensch ist Mensch, und das bißchen Verstand ..." – S. 82), so Addie („Er ist der pünktlichste Narr, den es nur geben kann; Schritt vor Schritt und umständlich wie eine Base ..." – S. 99). Allein Zaremba bleibt von dem „Althochdeutsch" unbeeindruckt. – Gegenüber Charlie wird Edgar die Roman-Zitate als Kontakt-Code einsetzen, ganz entschieden aber zur punktuellen Beschreibung seiner eigenen Situation („Hie sitz ich und schnappe nach Luft ..." – S. 84) und endlich zu ihrer scharf abgegrenzten Bestimmung („Ich war jedenfalls fast so weit, daß ich Old Werther verstand, wenn er nicht mehr weiterkonnte ..." – S. 147). Aus dem „ulkigen" Werther ist der vertraute „Old Werther" geworden.

Die von Edgar verwendeten Werther-Zitate können in zwei Gruppen eingeteilt werden, in solche die im „analogen Verlauf der Lebensbemühung" Edgars vorkommen, und in jene *vier* gewichtigeren, die nicht als „dekoratives Beiwerk und rhetorische Applikation" gesehen werden dürfen.[26)]

In der Tat kann die Lockerheit, mit der Edgar seine Zitate auf die Umwelt losläßt, die für den Roman charakteristische Hintergründigkeit leicht zudecken. So zwanglos, plapperhaft und beiläufig-banal kommen da einzelne Zitate im Verlaufe der rekapitulierten Ereignisse daher, daß sie beinahe die vier substantiellen Werther-Zitate schlucken, an denen „ein Grundzustand", wie Wapnewski sagt, „ein grundlegendes Prinzip" abzulesen ist:

- „das alles / Wilhelm macht mich stumm – ich kehre in mich selbst zurück und finde eine Welt – Ende." (S. 19)
- „Und daran seid ihr alle schuld, die ihr mich in das Joch geschwatzt und mir so viel von Aktivität vorgesungen habt. Aktivität! (S. 19)
- „Man kann zum Vorteile der Regeln viel sagen ..." (S. 75, 76).
- „Es ist ein einförmig Ding um das Menschengeschlecht" (S. 56, 100).

Dieses letzte Zitat wird zweimal in auffällig bedeutsamen Situationen verwendet. – Beim ersten Mal richtet Edgar es gegen Charlie, als sie ihn nach seinem Auskommen und Beruf fragt. – Das andere Mal setzt Edgar es gegen Addie, die Brigade und die aufmarschierenden Experten ein, die Zeugen der kollektiven Pleite mit dem Farbspritzgerät werden. In beiden Fällen verhindert das Zitat Annäherung, dokumentiert es absichtsvolle und ironische Distanz. Es wird daher im Zusammenwirken mit den weiteren Kernzitaten als Ausdruck der Isolation und Entfremdung gewertet, als deren Folge nur noch Edgars Rückzug in sich selbst möglich erscheint.[26)]

Wir können die Frage, ob Edgar etwa mehr vor den ihn bedrängenden Momenten seiner Fremdbestimmung oder mehr vor sich selbst flieht, (wobei die äußeren Umstände nur Anstöße wären), nicht schlüssig aus dem Text beantworten. P. Wapnewski zeigt keine Skrupel in der Beantwortung dieser Frage. Für ihn ist Edgars Weg nach innen eindeutig eine aus den gesellschaftlichen Defiziten resultierende Notwendigkeit, beinahe eine soziale Determination unter den gegebenen Verhältnissen: „Nimmt man diese vier Zitate als das, was sie sind; bedenkt man überdies, daß sie relativ isoliert stehen (...): so wird man mit aller Deutlichkeit feststellen, daß hier neue Leiden den alten spürbar entsprechen und daß sie wieder die Leiden des Einzelnen an seiner Umwelt, an seiner Gesellschaft, an seiner Zeit sind. Deren Regeln und Gesetze, deren entfremdende Ordnung und Arbeitsweisen, deren ‘Aktivität‘ fordernde Leistungsethik zwingen den seiner Natur und ihrer sensiblen Mitgift Verpflichteten zum Weg nach innen. Dort – so meint er – findet er die eigentliche Welt.“[27)]

Daß eine „Entfremdung“ stattgefunden hat, ist eine schlicht zu bestätigende Übereinstimmung aller maßgeblichen Interpretationen, die sich mit Edgars Rolle in der Umwelt primär auseinandersetzen. Es mag dabei unerheblich sein, wie sich dieser Entfremdungsprozeß angebahnt hat. Der Roman beleuchtet in der Rückschau des Helden lediglich Ausschnitthaftes, und der Leser kann sich konkret nur an diesen Details orientieren.

F.J. Raddatz bezieht den Aspekt der 'Entfremdung' auf den Autor selbst. Natürlich sind die Jeans-Huldigungen Edgars („Für Jeans könnte ich überhaupt auf alles verzichten" – S. 26) und seine pro-westlichen (= amerikanischen) Affektionen eine ungeschminkte, geradezu unverfrorene Herausforderung Plenzdorfs an das politische System, das ja auch ganz deutlich reagiert hat.[28] – Die darunter befindliche Schicht aber erscheint Raddatz, der die eigenen Überlegungen bei seinem DDR-Kollegen Weimann bestätigt sieht[29], noch bedeutsamer, um die Betroffenheit zu verdeutlichen, die der Roman in unserem deutschen Nachbarstaat auslöste: In Plenzdorfs Gegenentwurf ist die „ausgezogene Linie der Weg vom Reden zum Nicht-sprechen-können, vom Gespräch zum Monolog und schließlich zum Schweigen. Der von Plenzdorf an zentraler Stelle eingesetzte Werther-Satz „ich kehre in mich selbst zurück und finde eine Welt" zeigt, wohin der Weg führt: die Flucht nach innen (...) Das innere Zentrum der Erzählung ist die Nachdenklichkeit, besser: Bedenklichkeit ..."[30]

Wer sich den Romanaufbau und die Fabel noch einmal vergegenwärtigt, wird auch einer solchen Sichtweise zustimmen können. Edgars „Flucht nach innen" verweist uns, die Leser, auf die Herausforderung Plenzdorfs, eine selbständige Deutung zu suchen. F.J. Raddatz' Sichtweise mag so richtig oder falsch sein wie jede andere: die Widersprüche in der Gestalt Edgars, die sich keineswegs in der Analyse der von ihm verwendeten Werther-Zitate aufheben, und sein Schicksal sind zweifelsfrei in engster Berührung mit seinem Unbehagen gegenüber der Umwelt zu sehen.

Es erscheint uns daher unumgänglich, den Romanhelden und seinen Autor genauer auf der Folie der kultur-politischen Bedingungen zu beleuchten, wie sie sich in der DDR der frühen siebziger Jahre boten. Eine solche Betrachtung an dieser Stelle ist sinnvoll und notwendig zum einen, weil sie über die beabsichtigten und unbeabsichtigten politischen Implikationen des Romans einigen Aufschluß geben kann. Zum anderen gerät damit das Rezeptionsverhalten der Leser in Ost und West in das Blickfeld unserer Betrachtungen, an dem sich ablesen läßt, was von ihm als kontextuell vermittelte 'politische

Gegebenheit' unmittelbar aufgefaßt wird. Nicht zuletzt auch deshalb, weil die persönliche Betroffenheit Plenzdorfs im Entstehungsumfeld dieses Romans aus unserem Reflexionszusammenhang nicht ausgeklammert werden darf.

Auf den „Bitterfelder Konferenzen" im Jahre 1959 und mit einigen liberalisierenden Neu-Tendenzen im Jahre 1964 wurden u.a. die Richtlinien einer dem sozialistischen Aufbau verpflichteten *Literarturpolitik* für die DDR festgeschrieben.[31] Die meisten Schriftsteller folgten dabei mit ihren Werken den Vorläufern in der proletarischen Literatur der zwanziger Jahre im „süßlich-undurchsichtigen Gewand sozialistischer Moral"[32], allen voran so prominente Autoren wie E. Strittmatter („Ole Bienkopp", 1963) und die auch bei uns bekannten Chr. Wolf („Der geteilte Himmel", 1963) oder H. Kant („Die Aula", 1964). Sie setzten die Bitterfelder Konferenzbeschlüsse am sichtbarsten um. Trotz aller Eigenständigkeit zeigten die Autoren in ihren Büchern aber, „daß literarisches Engagement hier thematisch-inhaltlich verstanden wird, nicht (...) als Entwicklung emanzipativer Literaturformen".[33] – Kulturelles und gesellschaftliches Leben in der DDR sind weitgehend normiert.

Ulrich Plenzdorfs Bühnenstück/Roman „Die neuen Leiden des jungen W." unterbricht jäh die Gleichförmigkeit und Langeweile der DDR-Literaturlandschaft, in der Abwendungen von der Normerfüllung im Sinne der „Bitterfelder Beschlüsse" bereits Ende der sechziger Jahre keine Seltenheit mehr waren. Der Mut zum literarischen Experiment setzt sich fortan bei den DDR-Schriftstellern durch; keine sozialistischen Helden, sondern einfache Menschen beginnen die Literaturwelt mehr und mehr zu bevölkern. Edgar Wibeau ist einer von ihnen.

Begreiflicherweise tat (und tut) man sich offiziell in der DDR mit einem solchen Text schwer, obwohl die auf der 6. Tagung des ZK der SED im Jahre 1972 formulierten Forderungen nach größerem Freiraum für die Künstler auch die Öffentlichkeit erreicht haben.[34] Trotz der Diskussionen, in denen auch westliche Sichtweisen aufgearbeitet worden waren, liest der kritische DDR-Bürger mit dem 'richtigen' Augenmaß die 'wirklichen' Erkenntnisse aus dem Plenzdorf-Roman (im Sinne des Sozialismus, selbstverständlich), denn er ist kein Musterbeispiel für ein kollektiv empfundenes Unbehagen gegenüber den Werten und Normen des Systems, auf das man eingeschworen ist. Er stellt weit eher das Ergebnis einer persönlichen Standortsuche und der Artikulationserprobung Plenzdorfs in einem ihn ideologisch scharf ausleuchtenden Umfeld dar. Es ist schwer zu ermessen, in welcher Weise der Autor, der sich mit seinem Roman „bewußt und vorsätzlich der Konfrontation mit dem Publikum" aussetzte, seine ganz persönlichen Schwierigkeiten hatte.[35)]

In unserem Literaturunterricht ist die DDR-Literatur ein seltener, weil unbehaglicher Sachverhalt, dem wir uns entweder unsicher-vorurteilhaft oder unbedenklich-naiv nähern, wenn überhaupt.

Gemessen an der Vielzahl der Materialien und Unterrichtsmodelle zu Autoren der westlichen Literaturszene, auch zu unbequemen, sind Hilfen zum Umgang mit DDR-Schriftstellern in unserer didaktischen Literatur die Ausnahme. Umso wertvoller sind alle Bemühungen, Autoren und Werke der Literatur in ebenso objektiver wie umfassender *unterrichtsbezogener Analyse* modellhaft vorzustellen, wie dies etwa in den vom Düsseldorfer Landesinstitut für pädagogische Bildung vorgelegten Schriften geschieht (vgl. Literaturverzeichnis). Unabdingbar muß jeder Unterricht, der sich mit einem Stück DDR-Literatur befaßt, den kultur- und gesellschaftspolitischen Hintergrund miteinbeziehen, den wir auch in unserer Stundenfolge einschließen (vgl. Kap. IV).

Mit dem Hinweis auf die für den Plenzdorf-Roman grundlegend wichtigen Diskussionsergebnissen bei P-J. Brenner blenden wir noch einmal in den Text hinein, um die Beziehung Edgars zur Gesellschaft unter dem Aspekt seines Todes aus unterschiedlichen Perspektiven zu erfassen.

Den autorenbezogenen Hintergrund umreißen wir dann im abschließenden Textkapitel (5).

4. Edgar und „sein“ Tod

Kommen wir also noch einmal auf den Tod Edgars zurück, über den soviel Gescheites und zugleich Widersprüchliches von der kritischen Wissenschaft mitgeteilt worden ist, daß es dem weniger kundigen, dennoch bewußten Leser schwerfallen muß, jenes so plötzliche Ende eines jungen Lebens (richtig) zu verstehen und (textgerecht) zu deuten.

Auch wir sind nicht so vermessen anzunehmen, mit einer Interpretation aufwarten zu können, die jede Diskussion über Edgars Tod zukünftig beendet.

So viel scheint klar: Edgar bedauert seinen Tod. „Daß ich dabei über den Jordan ging, ist echter Mist ...“ (S. 16) Natürlich spielt er die Tatsache herunter auf die ganz unterkühlte Ebene, wie das so seine Art ist: „Ansonsten ist Bedauern jenseits des Jordans nicht üblich. Wir alle hier wissen, was uns blüht. Daß wir aufhören zu existieren, wenn ihr aufhört an uns zu denken. Meine Chancen sind da wohl mau ...“ (S. 16, 17)

Was verbirgt sich eigentlich hinter einer derartigen Aussage? Spricht Edgar da wirklich über das „Jenseits“, oder ist es Plenzdorf, der eine verschlüsselte Botschaft von „drüben“ zu uns schickt, die dann im Klartext hieße: „Helft uns, vergeßt uns nicht!“ Ist der Toid der Romanfigur als solcher bereits relevant, oder sind wir damit bei einer sekundären, gar tertiären Ebene der Betrachtung?

Wir haben das Schicksal ernstgenommen, als leibliches und ‘tatsächliches‘. Für uns ist sein Tod zwar abgehoben, denn es handelt sich ja um eine Fiktion, aber dennoch so naheliegend-wirklich, daß wir ihn sozusagen auf der Primärebene diskutieren wollen. Ob Plenzdorf ahnte, welches Echo Edgars Tod (in der Nachwelt außerhalb des Romans) auslösen, und wie lange es hallen würde?

Ursprünglich hatte er etwas anderes schreiben wollen, etwas Witziges über Goethes Werther in der DDR. Dieser Stoff entglitt ihm jedoch zusehends, und es entwickelte sich Edgar Wibeau mehr und mehr mit einem ganz eigenständigen Schicksal. Es wurde etwas Ernsteres daraus: Das Leben und

Sterben eines jungen Mannes in der DDR, und hier schon wird der Leser betroffen gemacht: Daß irgendwer nach einem gelebten Leben irgendwo und auf irgendeine Weise seinen Tod findet, ist halt eine alltägliche Erfahrung und ganz 'normal'. Ein Mensch aber rückt aus der anonymen Vielzahl der Toten immer dann heraus, wenn er jung und auf eine nicht alltägliche Weise stirbt („380 Volt sind kein Scherz, Leute." – S. 16), ohne seine Hoffnungen und Wünsche jemals eingelöst zu sehen.

Ein solcher Tod stört auf. Warum gerade der, und warum gerade so?

Edgars Anspruch, sich selbst zu entfalten, wurde von uns positiv eingestuft. Es war verdeutlicht worden, daß er ganz seinem vorwärtsdrängenden Temperament und seinen überdurchschnittlichen Befähigungen gemäß ist. Edgar stand kurz vor dem Abschluß seiner zielstrebigen Bemühungen, durch einen sensationellen Erfolg wieder von der Gesellschaft angenommen zu werden und sich mit ihr auszusöhnen, als ihn der tödliche Stromschlag traf. Es erscheint daher abwegig, an einen Selbstmord zu denken.

Für H. Kaschuge (stellvertretend für andere) ist Edgars Tod ein „Unfalltod" in einer Situation, „als sein Versuch, zu beweisen, daß Leistung ohne Arbeitszwang möglich ist, an dem Widerspruch zu den gesellschaftlichen Normen" scheitert.[36)] Kaschuge sieht sich mit dieser Schlußfolgerung abgesichert (vgl. 1.1), aber solchen Deutungen hielt bereits 1973 W. Girnus ironisch, schwungvoll und selbstbewußt entgegen, das sei „die typische Interpretationslinie der Konterrevolution".[37)] Den tragischen Helden Wibeau gebe es nicht; er stehe vielmehr lediglich Modell in einem von Plenzdorf blitzgescheit arrangierten menschlichen Beziehungsgefüge, in dem „Situation und Diktion, Parodie und Argot eindeutig Determinanten eines ironischen Assoziationsfeldes" (sind), dem jedes einzelne Moment dieses Monologs untersteht ..."[38)] Auch Edgars Tod.

Girnus' 'Beweisführung', Edgars Tod als eine „Parodie" zu lesen, erscheint – Argument für Argument – bestechend. Freilich verrät sie nicht erst zum Schluß, daß der solcherart vehement Referierende sich in einer systemkonformen

Selbsterbauung ergeht, in der die wichtigste Frage auch für ihn offen bleibt. Hat Plenzdorf das wirklich so gemeint? – Girnus: „Ich weiß nicht, ob Plenzdorf dafür plädieren möchte, der Jugend Verständnis entgegenzubringen, die sich in eine psychischen Querlage dieser Art verfangen hat. Ich jedenfalls möchte dafür plädieren ...“[39)]

Wir auch, aber wieviel Verständnis kann die Jugend einer Gesellschaft (einerlei welcher!) entgegenbringen, die offenkundig ganz elementare Bedürfnisse nicht zur Kenntnis nehmen will?

Konterrevolutionäre Deutung hin, konterrevolutionäre Deutung her. Wir geben in diesem und in einem weiteren Punkte H. Kaschuge recht, in dem sie Edgars Tod mit einem „Scheitern an der eigenen Vorbildlichkeit“ gleichsetzt.[40] In der Konsequenz bestätigt Edgar ja nicht nur das System, das zu einem beträchtlichen Anteil seinen Tod verschuldet. Weil er in den Augen der Gesellschaft einen exklusven Maßstab für sich beansprucht, er selbst hält ihn für normal, muß er jede Korrektur seines Verhaltens durch Außenstehende ablehnen, d.h. er, Edgar Wibeau, macht sich zum Maß aller Dinge – auch seines Todes. Also stirbt er einen selbstverschuldeten Tod, weil er sich überschätzte und überforderte, dem System überlegen sein wollte, um dessen Erwartungen im Übermaß zu erfüllen, ohne eigentlich dafür die Voraussetzungen zu haben?

Das mag plausibel erscheinen.

Interessant ist, daß M. Schneider, selbst Autor der DDR, in diesem Zusammenhang von einer möglichen Selbstbestrafung Edgars spricht für seinen „luxurierenden und privatistischen Rückzug aus der sozialistischen Arbeitsgemeinschaft.“[41)] Eine solche Auslegung würde allerdings Plenzdorf in den Verdacht bringen, einer „Reprivatisierungsideologie“ das Wort zu reden. Das mag Schneider seinem Schriftsteller-Kollegen aber nicht unterstellen. Dem widerspräche auch der Text, wie wir meinen. Für Edgar hätte es bessere Möglichkeiten der Selbstbezichtigung und Korrektur seiner ‘Schuld‘ gegeben, ohne sein Gesicht zu verlieren.

Als letzte Größe und Sanktion entspricht der Tod sicherlich nicht einem noch so großen Verlangen, selbst wenn es individuell – letztlich aber doch nur in einer dem System dienenden Absicht – verschuldet worden ist.

Wir meinen, Edgars Tod hat in einer ganz anderen Dimension etwas Sinnfälliges, wenn man das in der Fiktion Vermittelte für einen Ausschnitt der Realität nimmt und nach weiteren 'stichhaltigen' Erklärungsmustern Ausschau hält:

Man kann sagen, dieser Tod paßt zu Edgar Wibeau – kein anderer und nur zu ihm. Edgars Leben mußte am Punkte einer Wende zerstört werden, nach der Edgar Wibeau nicht mehr Edgar Wibeau geblieben wäre. Ulrich Plenzdorf könnte seiner Hauptfigur diese Bestimmung durchaus gegeben haben, um Edgar vom nivellierten Standard, gegen den er sich aufgelehnt hat, glaubwürdig abzuheben und nicht einach wie alle anderen werden zu lassen.

Tod also vor der Wende?

Vielleicht ist eine solche Deutung auch angemessen; zulässig als eine weitere Perspektive erscheint sie uns allemal. Was hätte ein Erfolg Edgar denn gebracht? Mit Sicherheit (neben Mißgunst und Neid) hohe nationale Auszeichnungen. Er wäre der große 'Macher' gewesen, der 'Zampano' der Stunde. Und dann?

Sein Erfolg hätte genau das Gegenteil von dem bewirkt, was er (eigentlich) gewollt hat. Er hätte ihn angepaßt, denn nach Erfolgen dieser Größe (– immer vorausgesetzt, Edgar hätte ihn erreicht –) kann nicht mehr viel kommen. Dann ist man drin und im Konzert der Verpflichtungen. Edgars Weg mußte in dem Augenblick abgebrochen werden, als er zu einem Irrweg wurde.

Der Leser weiß so gut wie wir, daß auch Edgar schon weitergedacht hatte an das „Danach“: „Schätzungsweise wäre ich nicht wieder geworden. Dann hätte ich die Sache mit Charlie in Ordnung gebracht und wäre dann amgedampft (S. 142). Offenkundig unterliegt Edgar, sehr konsequent übrigens, weiterhin seinem Wunschdenken. Er hat wohl doch noch nicht alles eingesehen, denn er stellt sich gar nicht ernsthaft die Frage, wie es realistisch weitergehen könnte, sondern träumt von einer vermeintlichen Selbstverwirklichung in einer nur angenommenen Freiheit, die man nicht erreicht, wenn man fortläuft und sich den konkreten Widerständen nicht stellt.

Also doch Folgerichtigkeit und Zwangsläufigkeit seines Todes?

Sieht der Leser in Plenzdorfs Roman primär ein 'didaktisches Konstrukt', wäre die *Notwendigkeit* von Edgars Tod nicht zu leugnen. Aus Edgars Persönlichkeit und dem Verlauf seiner 'Emanzipationskurve' aber ergibt sich kein so zwingender Zusammenklang, wie ihn W. Werth postuliert. Führt man noch weitere Textstellen an, in denen Edgar die Vorgänge um seinen Tod reflektiert, ist zu erkennen, daß er wohl fahrlässig und im vollen Bewußtsein des Risikos gehandelt hat (S. 142), aber den tödlichen Unfall nicht herbeiführte, um sich selbst auszulöschen: „Ich meine, ich hätte nie im Leben freiwillig den Löffel abgegeben." (S. 147) Etwa aus Angst vor seiner Mutter, die unterwegs nach Berlin ist? – Unwahrscheinlich. Der Text teilt lediglich mit, daß Edgar alle Vorkehrungen für den Eventualfall trifft, sich im übrigen beeilt, seine Arbeit abzuschließen, möglicherweise um mit einem beeindruckenden Ergebnis vor ihr (be-)stehen zu können.

Uns kommt da noch ein anderer Gedanke zu diesem Text der breiten Auslegbarkeit und zu Edgars Tod. Könnte der Roman nicht auch als eine (Angst-)Vision Plenzdorfs gelesen werden, die er sich vom Leibe geschrieben hat, zutiefst beunruhigt darüber, daß er es womöglich nicht schaffen könnte, in einem Land, das Kultur schätzt, hervorragende Künstler und Wissenschaftler, fähige Staatsmänner und mündige Bürger besitzt, aber nicht die atemspendende Freiheit gewährt, ruhig, besonnen und unnachgiebig genug seinen Weg (des geistigen Widerstandes und der Freiheit) zu gehen?

Wer bestehen will, muß aus einem anderen Holz geschnitzt sein als Edgar Wibeau, bei aller Wertschätzung seiner Tugenden und Fähigkeiten. Ulrich Plenzdorf, DDR-Schriftsteller und leidenschaftlicher Berliner, hat über seinen Edgar den eigenen Weg gefunden. Vielleicht wird sein „Verliebtsein" in seine Hauptfigur des Romans „Die neuen Leiden des jungen W." unter einem solchen Aspekt sogar zu einem Stück höherer Wahrheit.

Edgars Tod: Plenzdorfs 'Katharsis'?

5. Edgar und der Autor

Ulrich Plenzdorf ist sich als Mensch und Autor treu geblieben. Das bekundet der inzwischen 52-jährige Schriftsteller immer wieder stets besonders eindrucksvoll in seinen engagierten öffentlichen Lesungen. „Mich packt's immer, wenn ich das vorlese, ich habe einen ganz nassen Rücken", bekennt U. Plenzdorf gegenüber dem 'KÖLNER STADTANZEIGER'[42] nach einer Lesung seines Buches „kein runter kein fern", das bereits im Jahe 1973, also in unmittelbarer zeitlicher Nähe zu den „neuen Leiden", entstanden war, jetzt aber erst als Taschenbuch vorliegt.

Wer als Leser den „Werther-Wibeau" verinnerlicht hat, der wird auch von den in dem (neuen) schmalen Buch verwendeten sprachlich-künstlerischen Mitteln (– innerer Monolog, Collage, experimentelle Sprache, Elemente subkultureller Sprache –), die Plenzdorf womöglich noch radikaler, noch kompromißloser eingebracht hat, nicht mehr zu schockieren sein. Wohl aber geht Plenzdorfs Hauptfigur, der lallende und stammelnde Hilfsschüler, der nicht auf die Straße „runter" und „kein fern" sehen darf, umso tiefer unter die Haut. Schauplatz ist wieder Berlin, jenes von Plenzdorf so geliebte und motivträchtige Pflaster, dieser 'melting pot' von Kultur und Subkultur aller Arten und Ausprägungen, wo man „in nuce die Probleme vor der Haustür"[43] hat.

Der Text verfehlt seine Wirkung beim Leser (Zuhörer) nicht. Das mag ein kurzer Ausschnitt als Geschriebenes dokumentieren, der als Vorgetragenes noch eindringlicher ist – (der Ausschnitt steht für andere, gleichwertige): „... kirschners kleener karle konnte keene kirschen kaun MAMA die wolln uns und in die machen ernst die drängeln uns in die kirche ich kenn die die hat doch kein dach mehr die haun uns die haun uns in die kirche die haun auf die köpfe aufhören MAMAMICK – Hautse, Hautse immer auf die Schnauze! Ruhe! Haltet die Fressen ..." (S. 47)

Zwischen 1973 entstanden u.a. die bekannte Filmerzählung „Die Legende von Paul und Paula" (1974) und „Karla / Der alte

Mann, das alte Pferd, die Straße" – Texte zu Filmen (1980). Seit Plenzdorf Bühnenarbeiter (1963) und später Filmautor wurde, hat ihn das Interesse am Medium Film nicht mehr losgelassen (– er ist bei der Filmgesellschaft DEFA angestellt –), auch wenn sein persönliches Verhältnis zur Filmbranche nach ungünstigen Erfahrungen in den letzten Jahren empfindlich gestört ist.

Plenzdorf ist ein arrivierter, vielfach ausgezeichneter Literat[44)], dessen enge West-Kontakte auch von den Offiziellen der DDR akzeptiert werden (müssen). Er hat hier wie dort sein Publikum und seine Leser. Der 1934 geborene Autor, der sich als von Biographie und Tradition her rot bis in die Knochen bezeichnet[45)], hat es dennoch nicht ganz leicht in seinem Land. Auf die Frage, warum er ihm noch nicht den Rücken gekehrt habe, antwortete Plenzdorf unlängst: „Einer muß ja noch dableiben."[46)]

Eine nachdenklich stimmende Antwort, die ein „Warum eigentlich" ganz selbstverständlich als Frage einschließt. Betrachtet man Plenzdorfs Bücher als Antworten bei seinen Figuren, dann gibt es eigentlich keinen Zweifel an dem „Warum": Plenzdorf tritt für die durch die Gesellschaft Benachteiligten ein, für die Verbesserung ihrer Lebensbedingungen im Alltag, für die individuellen Entfaltungsmöglichkeiten (seine eigenen eingeschlossen!) jedes einzelnen Menschen. Kämpfen muß man, nicht davonlaufen. Das erscheint so ganz selbstverständlich, gibt sich unpathetisch-humanitär, daß es fast beschämend ist in einer Zeit der Schlagworte und Parolen überall auf der Welt: mehr Menschlichkeit ...

Ulrich Plenzdorf zeigt es an einem persönlichen, sehr eindrucksvollen Beispiel (seines Kampfes und Erfolges), warum er beharrlich bleibt: „Wenn man wie ich letztens drei Jahre braucht, um das Stück „Die Legende vom Glück ohne Ende"[47)], nachdem es in der Hauptstadt in den Proben abgesetzt worden ist, auf die Bühne zu bringen, und noch dazu in der Provinz, da lohnt es sich schon beinahe, drei Jahre Arbeit zu haben."[48)]

Blenden wir in diesem Kontext noch einmal zurück zu „Werther-Wibeau“ und in jene Zeit, als es um den Autor und seinen aufsehenerregenden Helden so viele Diskussionen gab, als ideologisch-motivierter Verriß (Prof. Kaul) und das Bemühen um kritisch-objetive Würdigung des Autoren-Standortes und des Romans die Feuilletons der Zeitungen in Ost und West beherrschten. Da erschien u.a. in der BASLER NATIONAL-ZEITUNG vom 7. 3. 1975 eben jener erhellende Artikel von P. Zeindler über seine „Begegnung mit dem DDR-Dramatiker Ulrich Plenzdorf.[49]

Dieses Gespräch Zeindlers mit dem damals immerhin schon 41-jährigen Schriftsteller erscheint uns in ganz bemerkenswerter Weise „authentisch“: Hier fragte jemand nach der Identität des Autors und bekam verblüffend einfache und eindeutige Antworten. Der Autor und sein Romanheld wurden nahezu zur Deckung gebracht. Mehr als in anderen Interviews und scharfsinnigen Deutungen der Romanfigur und der Autorenintentionen wird in diesem Gespräch (und in der zurückhaltenden Kommentierung des Fragestellers selbst) ein wesentliches Stück Roman-Interpretation geleistet, in der das Moment des Autobiographischen in Plenzdorfs „Die neuen Leiden des jungen W.“ beleuchtet wird, was wir bislang in unseren Reflexionen ausgeblendet hielten. Zwar hatte der Autor bereits früher wiederholt, sei es verdeckt oder unmißverständlich offen, auf die autobiographischen Züge seines Romans hingewiesen, aber die *allgemeine* gesellschaftliche, kulturelle und politische Situation der DDR wurde als Einbettungs- und Deutungsfolie des Romans stets mehr beachtet.

In einer frühen, immer wieder erwähnten Diskussion um den Roman machte Plenzdorf die nicht unwichitge Aussage zum Entstehungshintergrund: „Ansonsten kann ich zur Geschichte der Geschichte nur soviel sagen, daß außer dem Werther und einem Zeitungsartikel, vielmehr: einem Satz daraus (des Sinnes, daß eine Brigade mit einem ihrer jungen Mitglieder nicht zurechtkam), die Hauptrolle äußerer Druck gespielt hat, will sagen, mehrere Jahre, in denen ich nie ganz das machen konnte, was ich wollte, und ebenso wiederholte Zurückweisungen des Stoffes.“[50] Setzen wir dazu eine der

fundamentalen Bekenntnisse Plenzdorfs gegenüber Zeindler in Beziehung, schließt sich der Kreis Autor-Romanheld-Autorenintention-Leserinteresse: „Sicher ist es so, daß Literatur mehr oder weniger gesellschaftsverändernd wirken kann. Ich selbst tendiere allerdings immer mehr dazu, obwohl ich das gesellschaftsverändernde Element in Rechnung stelle, (...), liegt mir eigentlich immer daran zu sagen, daß Literatur ja auch (...) für den gemacht wird, der sie schreibt. Ich spreche ja auch aus eigener Erfahrung, denn speziell „Die neuen Leiden des jungen W." sind in einer Situation geschrieben worden, in der der Text für mich ganz wichtig war, wo er mir erlaubte, meine Identität wiederzufinden, von der ich glaubte, daß ich im Begriffe war, sie zu verlieren."[51)]
Zum Schluß seines Gespräch-Kommentars stellte P. Zeindler sich (und dem Leser) eine Doppelfrage, die unserer Auffassung nach nur rhetorisch gemeint sein konnte, ob nun Ulrich Plenzdorf sich mehr mit der Gesellschaft oder mehr mit dem einzelnen identifiziere, oder ob er gar beide unter einen Hut bringen möchte.

Sollte 1973 und 1975 das Antworten wirklich noch schwergefallen sein, so darf 1986 sicherlich befreiter und abgesicherter geantwortet werden. Ein Mensch wie Plenzdorf kann nur beides wollen, sonst wäre er wohl wirklich schon getürmt. Jener Edgar Wibeau, mit dem sich Plenzdorf kurierte, um zu bleiben, ist heute in der DDR kein Problem mehr, auch wenn der Roman in den Schulen immer noch keine Selbstverständlichkeit ist. Aber es gibt immer wieder Probleme, an denen sich ein Mensch und Künstler (wie Plenzdorf) stößt. Wer sich wie er verwirklichen möchte, muß sich immer wieder orten, ergründen, identifizieren und überwinden. Diese Herausforderung stellt sich täglich, und wenn er sich in seinem Bilde gefunden hat, stößt er an das Außen, und der andere Kampf beginnt. Es ist ein immerwährender Kraftakt, bis die 'Gleichung aufgeht'.

Dies mag Grund genug für Plenzdorf sein, dort zu bleiben, wo ihn sein Einsatz vorwärtsbringt und etwas bewegt. Jeder kleine Erfolg wird dort zu einem doppelten Triumph. Kompromisse gibt es da für ihn keine, Kompromisse gab es auch nicht für Edgar Wibeau, der auf dem Wege war, ein Kämpfer zu werden. Welche menschheitsgeschichtlichen, welche kulturhistorischen, welche zeitlosen Analogien stellen sich da ein ...

Bringen wir in einem vorläufig abschließenden Zitat von K.-H. Jacobs noch einmal den Romanhelden mit seinem geistigen Vater, Ulrich Plenzdorf, zur Deckung: „Ein stolzer Mensch, der stolz ist auf seinen Stolz, wurde uns vorgeführt, (...), der sich nicht anpaßt, einer, der provokatorisch nordamerikanische Beinkleider bedichtet, einer (...), der doch ein zarter Charakter ist und zutiefst verletzlich."[52)]

Anmerkungen

1. In erster Linie will Edgar vor Addie bestehen (S. 142)
2. Wir beziehen uns z.B. auf M. Reich-Ranicki, für den Edgar „zum Opfer seines Leichtsinns, seiner Querköpfigkeit und Einzelgängerei" wird. – M. Reich-Ranicki. Der Fänger im DDR-Roggen, S. 268. In: *P.J. Brenner (Hg.). Plenzdorfs 'Neue Leiden des jungen W.'*, S. 262-269
3. W. Werth, Rebell, S. 287
4. L. Lucas. Drama, S. 171
5. Vgl. O. Leppla / H. Fischer. Stundenblätter, S. 61-65
6. Wir gehen im Verlaufe unserer Darstellung auf die Sprache Edgars/Plenzdorfs in diesem Roman nicht näher ein. Die von *H. Karasek* vorgenommene Bestimmung ihrer Eigentümlichkeiten erscheint uns in diesem Fall zweckmäßiger als Beispielanalysen: „... Insgesamt sind Berliner Schnoddrigkeit, westlicher Twen-Jargon und die Floskeln der Funtionärssprache eine Mixtur eingegangen, die zeigt, daß sich auch in der DDR jetzt eine neue, vom Nachkrieg eher unbeleckte Generation zu artikulieren beginnt ..." – H. Karasek. Ein Beatnik aus der DDR, S. 249
7. F.J. Raddatz. Flucht nach innen, S. 304
8. O. Leppla / H. Fischer, S. 20
9. O. Leppla / H. Fischer, S. 10
10. H. Fischer / O. Leppla, S. 11

11. Auf Vorwürfe der Kritik, Plenzdorf habe seine Hauptfigur zu sehr in den Mittelpunkt gerückt, kommen wir in diesem Teilkapitel noch zurück.
12. W. Schütte. Zu spät, S. 276
13. O. Leppla / H. Fischer, S. 7-12
14. H. Kaschuge. Goethe – Plenzdorf, S. 84-85
15. Damit ist nicht etwa eine Art organisierten Widerstandes der Jugendlichen gegen eine Erwachsenenwelt gemeint, sondern lediglich ein gefühlsbestimmter Abstand. – Dazu lesen wir bei *D. Baake*: „... Die Redner betonten, daß die Erwachsenen sich nur nicht einmischen sollten; ansonsten sei der Beat eben nichts als eine besondere Art von Vergnügen: eins, bei dem man 'unter sich' ist und 'tun kann, was man will' ..." – D. Baake. Beat – die sprachlose Opposition, S. 44 (ist nicht im Literaturverzeichnis aufgeführt – vgl. Kapitel V.).
16. F. Plate. Ohne Standpunkt, S. 227
17. F. Plate, S. 227
18. Vgl. P.J. Brenner, S. 41-46
19. H. Rubinstein. Sandpapier und Seide, S. 322
20. J. Kaiser. Schwarzes Schaf, S. 297
21. M. Reich-Ranicki, S. 265
22. O. Leppla / H. Fischer, S. 38
23. P. Münder. Plenzdorf, S. 48. –
    Das nachfolgende Zitat findet sich bei *P. Münder*. Jerome Salinger. Hollfeld 1980, S. 20 (Analysen und Reflexionen 39).
24. M. Reich-Ranicki, S.226
25. P. Wapnewski. Zweihundert Jahre Werthers Leiden, S. 331
26. F.J. Raddatz, S. 306
27. P. Wapnewski, S. 334
28. Zu erinnern ist hier an Prof. Kauls schroffe Zurückweisung.
29. F.J. Raddatz, S. 307
30. F.J. Raddatz, S. 307

31. Vgl. P.J. Brenner, S. 11-26
32. Vgl. L. Schütz / M.L. Fenner. Welt-Literatur heute, S. 78
33. Vgl. W. Weiß u.a. Gegenwartsliteratur, S. 151
34. Beachtenswert ist das folgende Zitat *K. Hagers*: „... Wir begrüßen auch die Mitarbeit jener Künstler, die – ohne weltanschaulich auf marxistisch-leninistischem Boden zu stehen – den Sozialismus in der DDR aus der Haltung aufrechter Humanisten, Demokraten und Antifaschisten oder aus Motiven christlicher Ethik bejahen." – In: Diskussion Deutsch, S. 339
35. Vgl. Diskussion Deutsch, S. 341
36. H. Kaschuge, S. 82-92
37. W. Girnus. Lachen über Wibeau, S. 192
38. W. Girnus, S. 193
39. W. Girnus, S. 195
40. H. Kaschuge, S. 82
41. M. Schneider. Die Leiden, S. 292
42. U. Plenzdorf im 'Kölner Stadtanzeiger' vom 12. Sept. 1985. –
    Plenzdorfs Geschichte „kein runter kein fern" ist 1984 im Suhrkamp Verlag als Taschenbuch erschienen (st 1078).
43. Plenzdorf in: Kölner Stadtanzeiger (12.9.85)
44. Die wichtigsten Preise, die Plenzdorf zugesprochen wurden, sind der „Heinrich-Mann-Preis" (DDR 1973) und der „Ingeborg-Bachmann-Preis" (Österreich 1978)
45. U. Plenzdorf im Spiegel-Gespräch vom 14. Mai 1973
46. U. Plenzdorf im 'Kölner Stadtanzeiger' vom 27./28. September 1985
47. aus dem Jahre 1979 (st 722)
48. Plenzdorf in: Kölner Stadtanzeiger (12.9.85)
49. P. Zeindler. Glück des einzelnen vor dem Plansoll? S. 313-318
50. U. Plenzdorf in einer Diskussion 1973. In: P.J. Brenner, S. 178
51. P. Zeindler, S. 313-314
52. K.-H. Jakobs. Plenzdorf, S. 235

II. „Die Leiden des jungen Werthers“

1. Aufriß der Handlungsstruktur, Personenkonstellation und der Grundprobleme

Von Goethe selbst stammt das kürzeste Résumée seines Brief-Romans mit einer sehr differenzierten Charakter- und Wesenskennzeichnung des Roman-Helden Werther, angekündigt am 1. Juni 1774 in einem Brief an einen gewissen Gottlieb Friedrich Ernst Schönborn[1)] als eine Geschichte, „darin ich einen jungen Menschen darstelle, der, *mit einer tiefen und reinen Empfindung* und wahrer Penetration begabt, sich in *schwärmerische Träume* verliert, sich durch *Speculation* untergräbt, bis er zuletzt durch *dazutretende unglückliche Leidenschaften*, besonders eine endlose Liebe zerrüttet, sich eine Kugel vor den Kopf schießt“ (Hervorhebungen nicht im Orginal).

Damit haben wir zugleich den authentischsten Interpretationsansatz der Vorgänge und Beweggründe für Werthers Handeln, so daß die nachfolgenden Betrachtungen in erster Linie an diesen (von Goethe in den Verstehenshorizont des Brief-Empfängers gerückten) Motivkomplexen orientiert sind.

Dieser junge Mann also, Werther, über dessen Vergangenheit der Leser nichts Konkretes erfährt, kommt in den ersten Maitagen des Jahres 1771 an den Ort, der ihm zum Schicksalsort werden wird. Er hat Schwierigkeiten, sich in der neuen Umgebung zurechtzufinden. Unruhig und ziellos umhergetrieben, sucht er die Einsamkeit der erwachenden Natur, die ihn wunderbar beseelt, und aus der er Kraft und Harmonie schöpft (S. 6,7). Offen und spontan ist er nur im Umgang mit Kindern, deren Vertrauen er rasch gewinnt, und ebenso zu dem einfachen Volke, das ihm gefällt und ihm ein Gefühl der Zugehörigkeit gibt (S. 9.). Tief im Innern jedoch ist er allein, ein Fremdling unter den Menschen, und nährt seine melancholischen Träume: „Daß das Leben des Menschen nur ein Traum sei, ist manchen schon so vorgekommen, und auch mit mir zieht dieses Gefühl immer herum ...“ (S. 12). Ängstlich meidet er den gehobenen Bürgerstand und den Adel – Menschen, die im Bewußtsein ihrer Standeszugehörigkeit jene von Werther so verachtete Überlegenheit zur Schau stellen, durch die er später in seiner Seele tödlich verletzt werden soll (Brief vom 15. März 1772).

Die vielen Andeutungen gegenüber dem Adressaten seiner Briefe, dem Freund Wilhelm, der ebenfalls nicht näher vorgestellt wird, läßt nicht nur ihre herzliche Verbundenheit, sondern auch das intime Vertrautsein des Briefempfängers mit dem Leben Werthers und dessen besonderer Ich-Problematik erahnen, die weit zurückreicht, und in der wohl auch die Ursachen für sein gestörtes Verhältnis zu sich selbst und den Mitmenschen zu suchen sind. –

Werther lebt in äußersten Gefühls- und Stimmungsgegensätzen, und so ist es keineswegs verwunderlich, daß in den schwärmerischen Ausbrüchen zum einfachen, natürlichen Leben schon sehr früh Todessehnsüchte hörbar werden. Erstmals, noch ehe Werther mit Lotte bekannt wird, äußert er sich in einem Mai-Brief zum Freitod, verschlüsselt zwar noch, aber bereits mit jener beängstigten Entschiedenheit und Selbstverständlichkeit, wie sie nur vom Grunde eines feststehenden Beschlusses herrühren können: „... Und dann, so eingeschränkt er ist, hält er doch immer im Herzen das süße Gefühl der Freiheit, und daß er diesen Kerker verlassen kann, wann er will." (Brief vom 22. Mai 1772 – S. 13)

Dem Leser kann nicht verborgen bleiben, wie hochgradig verstört Werther schon in den ersten Wochen seines Aufenthaltes in der neuen Umgebung ist. Aus diesem diffusen Weltschmerz, einer unklar motivierten Realitätsflucht und narzistischer Selbstbespiegelung erwachsen zwingend sein Persönlichkeitszerfall und seine Selbstzerstörung. Die schizophrenen Formen seiner Bewußtseinsveränderung prägen sich in den eineinhalb Jahren zwischen dem 4. Mai 1771 und dem 23./24. Dezember 1772 immer beängstigender und extremer aus. Werther folgt allein seinen Stimmungen und Todessehnsüchten ohne jeden Willen zur rationalen Konfliktbewältigung. Somit ist sein Untergang programmiert. Vom ersten bis zum letzten Akt der Geschehnisse erscheint er dabei dem Leser als psychisch kranker Mensch, der zugleich Initiator, Schauspieler, Regisseur und Opfer seiner eigenen Zerstörung ist.

Im Nachvollziehen der Hauptereignisse und im Zusammenhang mit sehr unterschiedlichen Erklärungsversuchen des Selbstmordes Werthers (Schöffler, Storz, Lukács) mag sich der Leser den zentralen Grundkonflikt vor Augen halten, der in diesem Roman existenziell thematisiert ist: das Dilettantismus-Problem.[2)] Wir haben in Werther eine jener Künstlernaturen vor uns, „die die Liebe gegen die Etikette setzen und das Herz, den Instinkt, den romantischen Furor gegen die Bindungen der Gesellschaft"[3)], den vorweggenommenen 'Tasso', keinen Dichter wie jenen freilich, aber doch einen herausragenden Repräsentanten des Bürgertums aus der zweiten Hälfte des 18. Jahrhunderts mit einem gelebten Anspruch, die 'Kunst' und das 'Alltägliche' miteinander in Einklang zu bringen, einen begabten Menschen mit großer Empfänglichkeit für alles Schöne und Erhabene, dem allein die Einsicht in das Unvollkommene seines Talentes und die Fähigkeit zur praktischen Lebensbewältigung abgehen.

Wir möchten hier den Handlungsfaden des Romans wieder aufnehmen und die weiteren Ereignisse sehr gerafft wiedergeben:

In diesen tiefwurzelnden Spannungszuständen trifft Werther auf einem Ball in der näheren Umgebung erstmals 'seine' Lotte (s. 19). Er gerät in einen Taumel des Entzückens. So oft wie möglich sucht er ihre Nähe. In seinem Wahlheim lebt er förmlich auf, und es entwickelt sich eine herzliche Beziehung zu Lottes Geschwistern und zu den Menschen in der Nachbarschaft, dies alles umso ungezwungener, als Lottes Verlobter Albert dienstlich unterwegs ist und kaum vor Ende Juli zurückerwartet wird.

Werthers Brief vom 21. Juni 1771 ist ein einziger Ausbruch euphorischster Stimmungen und Gefühle („Ich lebe so glückliche Tage ..." – S. 30). Die mehrfachen „Achs", mit denen eine Reihe von Sätzen dieses Briefes eingeleitet wird, und eine Kette von Ausrufezeichen, die sie jeweils abschließen, verdeutlichen auch im Erscheinungsbild die heftige Erregung und die gefühlsbestimmte Haltung des Schreibers.

Albert akzeptiert bei seiner Rückkehr den 'Freund des Hauses' ohne Argwohn und Eifersüchtelei. Seine Liebe zu Lotte und das gegenseitige Vertrauen in ihre gemeinsame Treue und Charakterfestigkeit machen ihn ruhig und sicher. Lotte (und auch Werther) ist über jeden Verdacht einer unlauteren Beziehung erhaben.

Werther hingegen leidet ernsthaft unter der Situation. Nicht nur, daß er die überlegene und gelassene Gastfreundschaft Alberts hinnehmen muß: Aus seinem ersten Verliebtsein hat sich ein tiefe, beinahe heilige Liebe zu Lotte entwickelt, die ihrerseits nur mit wirklicher Freundschaft antwortet. Allmählich setzt sich Werther bewußt von Albert ab. Er sucht ihn zu provozieren (S. 56), als er erkennen muß, daß er in den geschlossenen Kreis der Familie nicht eindringen kann. Seine Stimmung schlägt um in Verzweiflung: „... – ein Strom von Tränen bricht aus meinem gepreßten Herzen, und ich weine trostlos einer finsteren Zukunft entgegen." – (Brief vom 21. August 1771 – S. 60)

Ein knappes Vierteljahr nach seiner ersten Begegnung mit Lotte macht er sich seine hoffnungslose Lage klar (S. 62). Dem Drängen seines Freundes Wilhelm und all derer, die es gut mit ihm meinen, folgend, nimmt Werther einen Gesandtschaftsposten an. Anfang September verrabschiedet er sich von Lotte in der Gewißheit, sie wiederzusehen: „Leb wohl, Lotte! Leb wohl, Albert! Wir sehen uns wieder ..." (S. 68).

Das Befürchtete tritt bald ein: Werther will und kann sich nicht mit den neuen Gegebenheiten anfreunden. Was ihn schon immer abgestoßen hatte, die Aufgeblasenheit des Adels – der Egoismus und die Oberflächlichkeit seiner Berufskollegen, gerät nun vollends zum Ekelbild der Menschen und zur vernichtenden Erfahrung für den empfindsamen, unsteten jungen Mann. Er bewegt sich im Kreise, unlustig und untätig, der Passivität und Langeweile ausgesetzt (S. 72). Als er schließlich der feineren Gesellschaft auch noch verwiesen wird und der Vorfall, überall belächelt, die Runde macht, hat Werther einen

(weiteren) Grund gefunden, sich dieser Umgebung zu entziehen. Ein knappes halbes Jahr nach Antritt seines Dienstes nimmt Werther seinen Abschied und folgt einer fürstlichen Einladung, den Frühling auf den Gütern des Gönners zu verbringen (S. 83).
Nichts kann ihn dort jedoch wirklich binden, zumal ihn die Oberflächlichkeit des Fürsten, besonders in Fragen der Kunst, nach kürzester Zeit tief enttäuscht. Seine Sehnsucht gilt Lotte, die er seinem Fühlen verwandt weiß, und so kehrt er auf Umwegen zu ihr zurück, die inzwischen mit Albert verheiratet ist.
Werther hält Albert nicht für den zu Lotte passenden Mann. In seiner Phantasie stellt er sich selbst als den eigentlichen Partner an ihre Seite, und so drängen ihn die quälenden Wünsche, das Unerreichbare doch noch zu erreichen, immer weiter von der Realität ab (S. 88).
Mit Beginn der dunklen Jahreszeit hat Werther seinen seelischen Tiefstand erreicht. Statt seinen geliebten Homer zu lesen, wählt er den Ossian (S. 96). Zwei fremde Schicksale machen ihm den eigenen Daseins- und Seelenzustand erschreckend deutlich: das eines Wahnsinnigen, der im einsetzenden Winter für seine „Prinzessin" Blumen sucht (S. 104), und das eines jungen Bauernburschen, der aus Liebe zum Mörder geworden ist, ohne daß Werther ihm helfen kann (S. 114).
In den Schicksalen spiegelt sich sein eigenes wider. Auch ihm kann niemand helfen, und so löst er die Situation gemäß seiner Natur und Bestimmung: Während Albert wieder einmal dienstlich unterwegs ist, besucht Werther 'seine' Lotte zum letzten Mal, obwohl sie ihm das Versprechen abgenötigt hatte, erst am Weihnachtstag wiederzukommen. Die gemeinsame Lektüre des Ossian löst in beiden heftige Empfindungen aus, und für einen Augenblick halten sie sich, blind vor Tränen, in den Armen (S. 135). Werther geht und erschießt sich mit der unter einem Vorwand geliehenen Pistole Alberts (S. 146). Der Todesschuß, so schreibt H.-W. Jäger, „wohlerwogen und begründet, besiegelt die Erfahrung der Kluft, die sich zwischen Anspruch und Lizenz einer Verwirklichung aufgetan hat."[4)]

In der Zusammenschau der von Goethe hervorgehobenen Motivkomplexe hat als einer der ersten überhaupt J.M.R. Lenz, ein leidenschaftlicher Verehrer Goethes aus der gemeinsamen Straßburger Zeit und selbst einer der empfindsamsten Literaten des „Sturm und Drang“[5], sehr präzise die bis zum heutigen Tage interessant gebliebene Grundthematik des Romans und seines Helden beschrieben, „der uns mit Leidenschaften und Empfindungen bekannt macht, die jeder in sich dunkel fühlt, die er aber nicht mit Namen zu nennen weiß“.[6]

Lenz macht damit auf einen zweiten Punkt aufmerksam, dem wir uns neben dem Problem des Dilettantismus in der Auseinandersetzung mit diesem Roman zuwenden wollen: auf das *Dämonische* in der Natur des Menschen und der Dinge, das als ein zentrales Moment im Welt- und Menschenbild Goethes nahezu alle Dichtungen (– vom „Prometheus“ über den „Egmont“ bis hin zum „Faust“ –), viele seiner Gespräche, Besinnungen und Reflexionen, Briefe und Tagebücher beherrscht.[7]

ERSTES BUCH (4. Mai 1771 - 10. Sept. 1771) – Übersicht		
Datum	*Inhalt*	*Bedeutung für Werthers Situation*
10. Mai	Naturschwärmerei	W. befindet sich gefühlsmäßig in weitgehender Übereinstimmung mit der Schönheit und Erhabenheit der Natur
12. Mai	Brunnen – Wasser	Taufmotiv – Katharsis: religiöse Verwurzelung Ws.
13. Mai	keine anderen Bücher als Homer	Selbstbescheidung in harmonischer Ausgewogenheit / Anzeichen aber auch des Eigenbrödlerischen, der allzu großen Abhängigkeit seiner Stimmungen
17. Mai	Erwähnt den "fürstlichen Amtmann", der sehr von seiner ältesten Tochter eingenommen ist	Schicksalhafte Begegnung – Neugier, Interesse, Ablenkung
27. Mai	Junge Mutter mit ihren Kindern	Anrühren von Ws. Innerstem (Geborgenheit, Schutz – eigene Einsamkeit)
30. Mai	Eingeständnis seiner dilettantischen Natur	Ausflucht in Schwärmerei, weil unfähig zu konzentrierter, sachzugew. Tat
16. Juni	sehr ausführlicher Brief, in dem W. die Begegnung mit Lotte schildert	Übereinstimmung der Gefühle. W. fühlt sich in eine / seine erhoffte Welt versetzt. – Beginnende Abkehr von der Realität
29. Juni	Wenn ihr nicht werdet wie die Kindelein ...	Kinderwelt = heile Welt; religiöse Verwurzelung; Wunsch nach Einheit mit dem Ursprünglichen
1. Juli	Mit all seinen Sinnen bei Lotte	Liebe zu Lotte beginnt ein für ihn daseinsbedrohendes Problem zu werden
13. Juli	W. ist überzeugt, daß Lotte ihn liebt	Problemverdichtung (Illusion/Wirklichkeit)

16. Juli	Beinahe heilige Verehrung Lottes	Eingrenzung des persönlichen Lebens- und Entfaltungsraumes. – Andeutung des Selbstmordgedankens, der später auf diese Weise realisiert wird: ("Kugel in den Kopf")
19. Juli	Keine Entsagung ist mehr möglich	Untergang unausweichlich, da Ws. Liebe nicht erwidert werden kann
20. Juli	Absage an das bürgerliche Leben	Durchbruch des Krankhaften
24. Juli	W. kann sich auf nichts konzentrieren; es entsteht lediglich ein Schattenriß (!) Lottes	Eindeutiger Verlust auch der künstlerischen Kompensationsfähigkeit (Leidüberwindung durch schöpferische Akte)
26. Juli	Zwanghafter Zug zu Lotte (Bild vom "Magnetberg")	passive Bereitschaft zum Tode; Einwilligung in den Untergang
30. Juli	W. sucht allein Lottes Nähe; quälende Eifersucht	Unfähigkeit Ws., die ihm angebotene Freundschaft Lottes und die ihres Verlobten anzunehmen
8. Aug.	Versuch einer Rechtfertigung	W. empfindet sich als einen Unglücklichen, dessen Leben unter einer schleichenden Krankheit allmählich abstirbt (Züge von Masochismus, denn W. genießt die eigene Situation)
10. Aug.	Vorstellung eines ruhigen Lebens im Kreise von Lottes / Alberts Familie	Stilisierung der Gefühlsebene im Verzicht darauf. – Klares Bewußtsein: Er will nicht anders
12. Aug.	Sehr ausführlicher Brief-Polarisation: Vernunft (Albert) Leidenschaft, Wahnsinn (Albert) Die beiden Männer gehen auseinander, ohne einander verstanden zu haben	Geistige Vorbereitung des Selbstmordes im intellektuellen Spiel Bestätigung der selbstempfundenen Außenseiterrolle Ws.
18. Aug.	Tiefe Depression	Die Natur wird W. zur Qual, zum Peiniger. Er isoliert sich immer mehr als krankes Individuum

21. Aug.	W. weint ungetröstet einer" finsteren Zukunft" entgegen	Lebensekel – Eintritt in die geistig-seelische Finsternis: Einsamkeit – Verlorenheit
22. Aug.	Eingeständnis seiner Krankheit (innere Ungeduld, die ihn stets verfolgen wird)	Aufgabe seiner selbst. W. gibt sich frei für den einsetzenden Automatismus des Untergangs
28. Aug.	W. erkennt, daß er von seiner Krankheit nicht zu heilen ist, obwohl ihm alle helfen wollen	Lebewohl an die Welt
30. Aug.	Kein anderes Bild mehr als das Lottes; kein anderes Gebet mehr als das für sie	Verwirrung, an deren Ende W. sein Grab weiß. – Es gibt kein Zurück, nur ein vorläufiges Ausweichen
10. Sept.	Sehr langer Brief: Abschied	Trennung (vom eigenen Leben und von dem der anderen). – Der Weg ins Nichts vor dem endgültigen Ende

ZWEITES BUCH (20. Okt. 1771 - 21./24. Dez. 1771) – Übersicht		
Datum	*Inhalt*	*Bedeutung für Werthers Situation*
20. Okt.	W. hat seine Tätigkeit beim Gesandten aufgenommen	Steigerung des Verdrusses in zweifacher Weise: Abwesenheit von Lotte bestärkt seine Gefühle zu ihr – in der Erinnerung an sie gerät alles andere zur Nichtigkeit
24. Dez.	Ein Jahr vor seinem Tod schreibt W. einen sehr ausführlichen Br.-Klage über den Gesandten. Allgemeiner Ekel vor den Menschen um ihn herum	Steigerung seiner Sehnsucht aus dem Unerfülltsein durch die ihn bedrängenden Arbeitsverhältnisse
20. Jan.	Brief an Lotte. Traurigkeit, Sehnsucht	Die Konzentration auf das (nach wie vor) Unmögliche lähmt seine Kräfte und erstickt bereits im Ansatz jede Aussicht auf innere Ruhe
17. Febr.	Zögerndes Eingeständnis seiner Eigenwilligkeiten. – Ankündigung seiner Kündigung	W. *will* sich mit seinen neuen Verhältnissen nicht arrangieren. Er kokettiert geradezu mit seiner Unzufriedenheit, bereits entschlossen, seine Stelle aufzugeben, die er nie angetreten hatte, um sie wirklich auszufüllen
20. Febr.	Lotte und Alb. haben geheiratet. W. beansprucht nichts, als hinter A. an zweiter Stelle stehen zu dürfen	Vernichtender Tatbestand und nur eine vermeintliche Selbsterhellung der Realitäten
15. März	Erneuter Vorwurf an alle, die ihm geraten hatten, den Posten anzunehmen. – Ärgerlicher Vorfall steht im Mittelpunkt des Briefes: W. wurde als nicht standesgemäßes Mitglied aus einer Gesellschaft gewiesen	Bruch mit allen Erwartungen, die von Freundesseite diesbezüglich an ihn gerichtet werden. – Niederlage / Erniedrigung / Isolation
16. März	Andeutung des Todes	W. hat keinen Platz in dieser Welt

19. April	Entlassung	Abschied heißt: verabschiedet sein. W. ist sich seiner Situation bewußt und steht erneut vor einem Weg ins Ungewisse, dessen Ende er wohl kennt
5. Mai 9. Mai	W. will als Soldat in den Krieg gehen	Erlösungsgedanke (Todesnähe aufsuchen)
16. Juni	Nur ein Wanderer auf Erden. – Gegenüber dem beschwingten und sehr ausführlichen Brief des Vorjahres mit demselben Tagesdatum nur wenige Zeilen diesmal	Kein Verweilen im langen Wort – sprachlose Erschütterung
18. Juni	Auf Umwegen zurück zu Lotte	Enger werdende Kreise um immer dasselbe Ziel: ihr nahe sein, durch sie dem Tode näher sein
4. Aug.	Trifft "sein gutes Weib" am Brunnen (vgl. Brief vom 27. Mai des Vorjahres)	Vorausdeutende Begegnung (Tod des Jungen)
4. Sept.	Herbststimmung (gelb werdende Blätter) – Geschichte der unglücklichen Liebe des jungen Bauern	Identifikation mit der sich auflösenden und verwandelnden Natur. – Parallele zum eigenen Zustand
6. Sept.	Werther-Kleidung	Vorbereitung für den letzten Gang
12. Sept.	Nach einigen Tagen der Abwesenheit Wiedersehen mit Lotte; reizvoll-gefährlich-naives Kuß-Spiel mit dem Kanarienvogel	Ersatzhandlungen
12. Okt.	Ossian hat Homer verdrängt	Vom Licht in die Finsternis
27. Okt.	Unglückliche Gedanken über das Leben und über sich selbst: Lotte und sonst nichts	Drehen im Kreise

3. Nov.	Leid – alles verloren	Klarheit über den eigenen Zustand beschleunigt seine letzten Handlungen
15. Nov.	Zwischen Sein und Nichtsein	Schwebezustand, bereits auf das Ende ausgerichtet
21. Nov.	Vier Wochen vor dem Beginn der Niederschrift "Adieu" und "Gute Nacht" (Wortspielerei)	Endphase des seelischen Leidens
30. Nov.	Novemberwetter innen und außen. – W. trifft einen geistig umnachteten jungen Mann, der für seine "Königin" Blumen sucht. W. flieht wie von Sinnen. W. ruft seinen himmlischen Vater an	Erkennt sein eigenes Schicksal Überantwortet sein Leben Gott
4. Dez.	Lotte sagt W. unverblümt, daß sie ihn für sehr gefährdet hält. W. betet wieder zum himmlischen Vater	Hinwendung zur Jenseitigkeit
20. Dez.	Abschiedsbrief an Wilhelm	Entschluß zum Handeln = Tod
21. Dez.	Brief an Lotte mit der Ankündigung seines Todes, gefunden nach seinem Selbstmord. – Abschnittweise vom Herausgeber in die Darstellung der letzten Tage und Stunden eingerückt	

2. Textstruktur und Textgestalt

Nicht anders als Plenzdorfs „neue Leiden" ist Goethes weltberühmter Liebesroman, „Die Leiden des jungen Werthers", gekennzeichnet durch eine Fülle an Auffälligkeiten, die ihn in seiner vollkommenen Einheit von Empfindungen, sprachlichem Ausdruck, formalem Aufbau und gehaltlicher Essenz so überaus weit vom Zeitüblichen abgehoben und ihm darüber hinaus einen Sonderplatz innerhalb der Weltliteratur gesichert haben.

Der „Werther"-Roman ist ein Brief-Roman[8)] in zwei Büchern von ungefähr gleicher Länge. Das „Erste Buch" umfaßt auf etwa 60 Seiten den Zeitraum eines knappen halben Jahres (4. Mai - 10. September 1771), das „Zweite Buch" auf etwa 80 Seiten nicht ganz 15 Monate (20. Oktober 1771 - 23./24. Dezember 1772). Auf diesen 140 Seiten und in dem gesetzten Zeitraum von nicht ganz zwei Jahren entwickelt sich die Liebesbeziehung Werthers zu Lotte mit einem raschen, emotional überschäumenden Aufschwung und einem rasenden Absturz Werthers in den selbstgegebenen Tod. Die vier durchlaufenden Jahreszeiten des Jahres 1771 wiederholen sich, doch nehmen sie im Verlaufe des Jahres 1772 einen dunkelvorzeichnenden Charakter an, der die Seelenlage des Roman-Helden widerspiegelt. Der glückhafte Sommer des Jahres 1771 kehrt nicht zurück; die Wiederankunft Werthers an der Stätte seiner ersten Begegnung mit Lotte, ziemlich genau ein Jahr später (vgl. Brief vom 16. Juni 1771), zieht ihn in den Strudel des endgültigen Untergangs. Es ist beeindruckend, wie kunstvoll Goethe in diesen zweifachen Jahreszyklus die „verhängnisvolle Asymmetrie"[9)] der quälenden Liebesbeziehung Werthers zu Lotte einbaut.

Daß Goethe einen Brief-Roman schrieb, war selbstredend ein Stückchen Konzession an den Zeitgeschmack, da das Schreiben von Briefen und duftenden Billetchen einen ganz wesentlichen Anteil des gesellschaftlichen Miteinanders ausmachte. Im Briefeschreiben fand das Individuum des 18. Jahrhunderts ein geeignetes Ausdrucksmittel, sich mitzuteilen – „ im

Medium des Briefes begegnet das Subjekt sich selbst, ja, zuletzt ist das Ich schreibend mit sich allein."

Der „Werther" ist ein einzigartiges Beispiel eines solchen Verhältnisses des schreibenden Individuums zu sich selbst und zu seiner Mitwelt, ganz im Zeichen jenes mitteilungsbeflissenen Zeitalters, das man als das 'empfindsame' kennt und charakterisiert.[10]

Wirklich sensationell (bis zum heutigen Tag) und schockierend aber war die bis dahin in der Literatur ungewohnte Art und Weise, mit der sich Goethe kompromißlos über die Tradition des Brief-Romans an sich und auch die geläufige Konvention hinwegsetzte.

Für Werther, den schreibenden Helden des Romans (s. Kap. 4), wird der Brief gar zum wichtigsten Kommunikationsmittel, mit dem er die ihn bedrängenden Gedanken und Gefühle zu bewältigen sucht: Werther schreibt sie sich buchstäblich von der Seele. Er träumt in seinen Briefen, fragt, weint, fleht, flucht jubelt, betet und beschwört Gott, die Menschen und die Welt. Der Brief als seine ganz persönliche Mitteilungsform erlaubt ihm, die ganze Gefühlsskala auszubreiten und seinen jeweiligen Gemütszustand spontan anzuzeigen. Von dieser monologischen Grundlage her betrachtet, könnten die Briefe Werthers ebenso gut Tagebuchaufzeichnungen sein. Doch gibt es ja noch Wilhelm, den alten Freund, als den 'konkreten' Empfänger der Botschaften. An ihn adressiert, kann das subjektiv Verinnerlichte erst nach außen, d.h. zu 'Gehör' gebracht werden, damit auch zur mittelbaren Erfahrung eines jeden Lesers. Erst durch diesen Kunstgriff wird Goethes Roman im vollen Wortsinne *kommunikativ*.

Eine weitere Besonderheit ist der von Goethe gegen Romanende eingebrachte *Herausgeberbericht* (S. 109). Darin transponiert er das von Werther subjektiv Empfundene sozusagen auf eine distanziert-objektive Ebene. Der unvermittelte Perspektivenwechsel wird im letzten Drittel des Romans vorgenommen, zu einem Zeitpunkt, da auch der Leser bereits einen eigenen Abstand zu dem sich mehr und mehr 'selbstverschuldet' in seinem eigenen Unheil verstrickenden Werther sucht.

Der Herausgeberbericht steigert als beinahe klinisch-nüchternes Stenogramm die Wirkung der letzten Ereignisse und vergegenwärtigt dem Leser die beinahe naturgesetzliche Gewalt, das Ungeheuerliche des Vorgefallenen.

In keinem Roman, so wird immer wieder betont[11)], hatte man bis dahin Schlußsätze von dergleichen Wucht und Unerbittlichkeit gelesen.

Goethe urteilt, verurteilt nicht; er legt auch keine Einschätzung nahe. Vielmehr nimmt er den Leser aus den Vorgängen heraus, stellt ihn als Mitbetrachtenden neben sich und zwingt ihn so zu einem eigenen Urteil.

Als weitere Besonderheit zeigt sich in diesem Roman das von Goethe mehrfach verwendete Prinzip der „Spiegelung“[12)] Für Werther und den Leser entstehen 'Vergleichsbilder', spiegelverkehrt zu sehende Abbilder der inneren Situation des Romanhelden. Die meisterhafte Handhabung dieser Technik kommt in der Geschichte des Bauerburschen (vgl. Brief vom 4. September 1772) und in der erwähnten Schilderung des armen Irren (vgl. Brief vom 30. November 1772) besonders eindrucksvoll zur Geltung.

Der erwähnte Brief vom 4. September ist darüber hinaus ein anschauliches Beispiel für die Kunst Goethes, sehr lesernah (= adressatenbezogen) zu schreiben: Erschüttert berichtet Werther von der unglücklichen Liebe des Bauernburschen, mit dessen Schicksal er sich irrigerweise identifiziert. Goethe ermöglicht dem Leser Distanz und Identifikation in einem. Da der Leser die Unterschiede in den Handlungsmotiven beider erkennt, kann er sich aus der Betroffenheit lösen, in die ihn Werthers Schicksal gezwungen hat, denn Werthers Situation erscheint ihm nicht vergleichbar. Gleichzeitig verhilft Goethe der bis dahin gesellschaftlich unterbewerteten Klasse von einfachen, natürlich empfindenden Menschen durch das unglückliche und ungerechte Los des Bauernburschen zu einem gestärkten Selbstwertgefühl: „Diese Liebe, diese Treue, diese Leidenschaft ist also keine dichterische Erfindung. Sie lebt, sie ist in ihrer größten Reinheit unter der Klasse von Menschen, die wir ungebildet, die wir roh nennen ...“ (S. 92).

Markante Daten/Briefe vom Beginn des Aufenthalts bis zum Tod WERTHERS

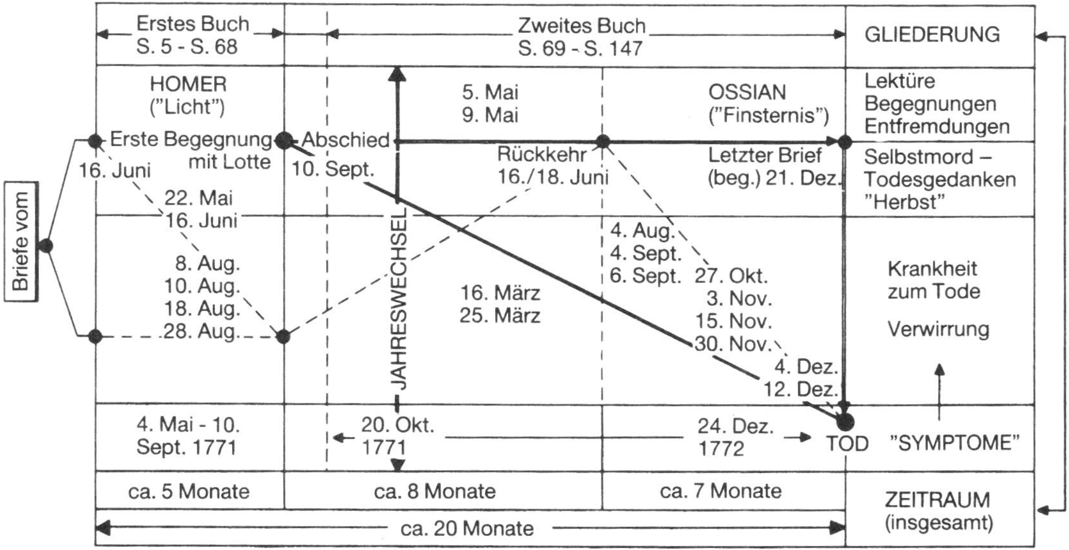

Goethe hatte die erste Fassung des „Werther“ noch 1774 abgeschlossen. Im Verlaufe der nächsten zehn, zwölf Jahre hat er den Roman mehrfach umgearbeitet und ergänzt. Bereits 1775 sah er sich zu einer ersten Veränderung genötigt, (die vier Verse vor dem ersten und zweiten Buch kamen hinzu). In der Folge gab es strukturell bedeutsamere Einlassungen und Konzentrationen. Einzelne Briefe wurden umgesetzt. Die Bauernburschen-Episode wurde hinzugefügt. Als gewichtigste Ergänzung wurde der breit ausgeführte „Herausgeberbericht“ mit der mehrfachen Brechung der Werther-Perspektive geschrieben (im Zweiten Buch – S. 109, 118-119; 123-127; 135; 135; 146). Wir gehen stets von der letzten Textgestalt aus, die das Ergebnis einer planvollen Nacharbeit des Dichters ist und in den herausgehobenen Teilen des Romans die charakteristische Handschrift des reifen Goethe gegenüber der Urfassung zeigt. Formal gilt der „Werther“ seit 1787 als abgeschlossen. Viele mündliche und schriftliche Ausführungen Goethes aber, die er im Laufe seines langen Lebens immer wieder zu diesem Roman machte, bezeugen eindringlich, daß er von diesem (seinem wohl berühmtesten) Werk nicht losgekommen ist.[13] Bis zum heutigen Tage gilt der „Werther“ neben dem „Faust“ als *das* Goethe-Buch. Sicherlich ist es sein volkstümlichstes und lebt im Bewußtsein vieler Leser in allen Teilen der Welt als beispielhaftes Stück Literatur der (Vor-)Klassik.

Das hier zur Textstruktur und Textgestalt Ausgeführte kann nur andeuten, in welcher Weise es sich gerade beim „Werther“ textgeschichtlich um einen überaus interessanten und diffizilen Sachverhalt handelt. Wegen der selbstgesetzten Beschränkung dieses Bandes können wir uns auf spezifische Details der Textgeschichte leider nicht einlassen.[14]

3. Zur Entstehungs- und Wirkungsgeschichte

Die Entstehung des „Werther“ ist bekanntlich auf das engste mit drei Faktenbündeln zwischen den Jahren 1772-1774 verknüpft:[15)]

- mit Goethes Wetzlarer Aufenthalt im Sommer 1772 und seiner Leidenschaft für Charlotte Buff, die Verlobte des Hannoverschen Gesandtschafts-Sekretärs Johann Christian Kestner;
- mit dem Selbstmord des Braunschweiger Legations-Sekretärs Carl Wilhelm Jerusalem aus unglücklicher Liebe, mit dem Goethe bereits seit seiner Leipziger Studienzeit bekannt war (1765-1768), und der in derselben Umgebung lebte und litt wie Goethe selbst.

  Goethe reagierte tief betroffen auf die Nachricht vom Tode Jerusalems, und allen Nachforschungen zufolge hat er sich wohl bereits im November 1772 mit dem „Werther“-Stoff beschäftigt. – Ein weiterer Kurzaufenthalt zusammen mit seinem späteren Schwager Johann Georg Schlosser dient dazu, nähere Einzelheiten über den Selbstmord Jerusalems zu erfahren;
- schließlich mit Goethes ziemlich überstürzter Abreise aus Wetzlar und seiner neuen leidenschaftlichen Zuneigung zu Maximiliane von La Roche, der späteren Ehefrau des Kaufmannes Peter Anton Brentano, in deren Mitte sich der Dichter aufgrund der Eifersucht des angehenden Ehemannes allerdings nicht so frei bewegen konnte, wie dies bei den Buffs-Kestners möglich war.

In diesem Teilkapitel wollen wir uns nicht weiter mit diesen hinlänglich bekannten Tatsachen und Spuren im Wetzlarer Entstehungsumfeld des Romans beschäftigen.[16)] Hingegen erscheint uns in der Auseinandersetzung mit diesem Werk von größerer Wichtigkeit darzulegen, in welcher Weise die mannigfachen Begegnungs- und Erfahrungskomplexe 'Tiefgang' erzeugten, die im Vor- und Nachfeld der ersten Niederschrift (1774) auf Goethe einwirkten. Konkret sind die Jahre zwischen 1770/1775 und 1775/1786 angesprochen, von denen das Jahrzehnt nach der Werther-Veröffentlichung nicht mehr als die eigentliche „Werther-Zeit“ bezeichnet wird, für die erwähnten Umarbeitungen jedoch eminent wichtig war.

Die o.a. Geschehnisse bilden so lediglich den ‘äußeren Ring‘ zur 1. Fassung. Die tieferen Ursprungs-, Verschmelzungs- und Verdichtungsringe können nur mit einem Blick auf das ‘Davor‘ und ‘Danach‘ freigelegt werden, denn die Entstehungsgeschichte des Romans ist mit weitaus mehr Daten aus der Biographie des Dichters in Verbindung zu bringen als nur mit jenen seiner Wetzlarer Zeit.

Es ist bekannt, daß Goethe stets erst aus der Summe der Beobachtungen, Erfahrungen und Erkenntnisse etwas Allgemeingültiges abzuheben suchte, aus der verdichteten Realität das Material für die Fiktion gewann. Das Konzentrieren der vielfältigen Details zu einem organisch-ganzheitlichen Bild war bei Goethe ein behutsamer, wohlbedachter und nicht selten äußerst schwieriger Prozeß, (man vergegenwärtige sich etwa die Entstehung des „Egmont“ oder gar des „Faust“), und es liegt auf der Hand, daß wechselnde Einflüsse zusammen mit tiefliegenden, in der Psyche des Dichters verklammerten Erlebnissen den Aufbau eines Werkes begleiteten, so auch den „Werther“.

Die geistigen Grundlagen und die Befreiung seines Gefühls, die fortan in seinem Leben und Wirken bestimmend sein werden, erwachsen dem Dichter zuerst und bahnbrechend in seinem Straßburger Jahr (1770/71). Zwischen diesem Aufenthalt und dem Abschluß des „Werther“ aber liegen noch Wetzlar und Weimar, Charlotte Buff und Lili Schönemann, Karl August von Sachsen-Weimar-Eisenach und Charlotte von Stein, die Schweiz und Italien – liegen 15 Jahre des Suchens und Irrens, den kompromißlosen Aufbruchs und der bereicherten Heimkehr, der wachsam-kritischen Bestandsaufnahme und der inneren Festigung auf dem Wege der verlustreichen Selbstverwirklichung und des weitreichenden Ruhmes. – Goethes Straßburger Aufenthalt gilt dabei als der Lebensabschnitt der entscheidenden Anstöße, die er als

Mensch und Künstler erhielt von namhaften Gelehrten und erregenden Menschen, die seinen Lebensweg kreuzten. Aus der großen Zahl der ihn beschäftigenden und fordernden Persönlichkeiten, aber auch der nur glitzernden und rasch verhuschenden Talente, der dilettierenden Bohémiens und philosophierenden Tagesgrößen, sind in erster Linie der *Sprachphilosoph Johann Gottfried Herder, der Köhlerssohn Heinrich Jung (genannt Stilling) und der Dramatiker Michael Reinhold Lenz* zu nennen.

Ihr Anteil am Entstehen des „Werther" kann nicht hoch genug veranschlagt werden. Er spricht aus vielen Einzelheiten des Romans, die nur knapp umrissen werden sollen. Insgesamt könnte über diesem Lebensabschnitt gut und gern ein Ausspruch Goethes stehen, (den später ein Gerhart Hauptmann auf sein eigenes Leben übertragen hat), daß nämlich alle nachfolgenden Jahre nicht ausreichen, um die Fülle der Eindrücke aus den Jugend- und frühen Mannesjahren aufzuarbeiten und künstlerisch zu gestalten.

Goethe war nach Straßburg gegangen, um französische Lebensart kennenzulernen: die Klarheit und Leichtigkeit des Geistes, die Eleganz der Sprache und die Unbekümmertheit im Alltäglichen. Was er aber mitnahm aus Straßburg, war deutscher Geist, war deutsches Gefühl, war eine tiefe Empfänglichkeit für alles Echte und Ursprüngliche, war Demut vor dem Schlichten und eine warme, leidenschaftlche Begeisterung für die Erhabenheit der Natur. Im Mittelpunkt seiner Erfahrungen aber stand die *Entdeckung des Menschen*. Nichts erscheint von größerer Wichtigkeit, blickt man auf sein Schaffen und sein weiteres Leben. Erst diese Entdeckung befreite seine eigenen Gefühle, gab ihm die Richtung für selbstbestimmtes Handeln und förderte seine schöpferischen Kräfte zutage. Sraßburg legte den Grundstein zur Gestaltung des klassischen Menschenbildes in seinem Werk.

In *Herder* begegnete Goethe einer Persönlichkeit, die *nicht* nur *ihn* nachhaltigst prägte. 1744 geboren, war Herder nur fünf Jahre älter als Goethe selbst, ein Schüler Kants und Hamanns aus dem fernen Königsberg, ehe er in den Westen aufgebrochen war. Herder hatte bereits einen Namen über die Grenzen des deutschen Sprachraums hinaus aufgrund seiner in verhältnismäßig jungen Jahren veröffentlichten kritischen Schriften zur Sprache und Literatur[17]. Er war umfassend gebildet, ein vom Geist durchdrungener Gelehrter, ein ernsthafter Mensch, ein Polterer wohl auch, im ganzen gesehen ein souveräner Mann des Lebens und der Welt. – Goethe 'flog' auf ihn, als sie sich 1770 trafen, und es spricht umso mehr für ihn, den jungen Dichter und Gelehrten, daß er in der ihm eigenen Offenheit und lebhaften Bereitschaft zu geistiger Auseinandersetzung die gebotene Gelegenheit wahrnahm, sein Wissen zu mehren und seine Berufung als Künstler auf eine Grundlage zu stellen. Es zeichnet aber auch Herder als den Älteren aus in seiner ganzen Lauterkeit, das Genie Goethes erkannt, angenommen und ohne Eifersüchtelei oder Arroganz des Überlegenen gefördert zu haben. Von Herder geleitet, fand Goethe den Weg zu Homer und Shakespeare, zu Ossian und dem Liedgut der Völker[18].

Einen lebhaften Eindruck der Wirkung Herders auf seine Zeitgenossen gewinnen wir von Goethe selbst: „... Das bedeutendste Ereignis, was die wichtigsten Folgen für mich haben sollte, war die Bekanntschaft (...) mit Herder (...) Ein rundes Gesicht, eine bedeutende Stirn, eine etwas stumpfe Nase, einen etwas aufgeworfenen, aber höchst individuell angenehmen, liebenswürdigen Mund. Unter schwarzen Augenbrauen ein paar kohlenschwarze Augen, die ihre Wirkung nicht verfehlten (...)[19]

Der „Werther" ist das lebhafteste Produkt auch dieser Grunderfahrungen. Dort, wo sie im Roman nicht explizit mitgeteilt werden, sind sie als Anklänge unüberhörbar: Goethe greift ja nicht nur die von Herder als so bedeutsam erachteten Dichter der Vergangenheit auf (Homer, Shakespeare), sondern gestaltet – ergriffen vom Geist und Ethos unverfälschter Natürlichkeit – Seele und Landschaften des Romans ganz aus dem Gefühl innigster Teilhabe an Natur und Mensch in ihrer Urspünglichkeit (vgl. Briefe vom 4., 10., 27. Mai und 21. Juni 1771).

Daß außer dem „Werther" diesen Anregungen auch eine Vielzahl der schönsten Naturgedichte Goethes zu verdanken ist, soll weiter unten in einem kleinen 'Sesenheimer Exkurs' noch anklingen, denn zu Goethes Straßburg gehört Sesenheim, und untrennbar vom geistigen Neuland, das er zu betreten lernte, war das Neuland der Liebe und Gefühle, ausgelöst durch die Begegnung mit Friederike Brion, der Sesenheimer Pfarrerstochter[20].

Es mag sein, daß der vielzitierte stürmische erste Auftritt Goethes bei den Brions mit dem unbefangenen Schwung der Jugend aus den Erzählungen *Heinrich Jungs* resultierte; weit unbestrittener ist die beeindruckende Wirkung dieses schlichten Mannes auf den jungen Studenten Goethe in Straßburg, wie auch umgekehrt Goethe auf den Älteren einen tiefen Eindruck machte. Jung war als Autodidakt Arzt geworden, der sich mit Mut und Gottvertrauen auf Augenoperationen spezialisiert hatte[21]. In Straßburg suchte er sein theoretisches Wissen zu vervollkommnen. Goethe war einer der wenigen, zu denen dieser zurückhaltende und eher bescheidene Mann Vertrauen gefaßt hatte. Er war für Heinrich Jung ein aufgeschlossener Zuhörer und zog daraus einen unschätzbaren Gewinn, denn nach und nach erschloß der Erzählende ihm, dem interessierten und dankbaren Zuhörer, seine ganze Lebensgeschichte. R. Friedenthal schildert diese Begegnung der wechselseiten geistig-seelischen Befruchtung sehr anschaulich: „Goethe lernte zum ersten Male einen Menschen aus dem Volke kennen, die Geschichte einer Familie von Kohlenbrennern im Siegerland, eine Dorfgeschichte, urtümliche Verhältnisse, ein Stück Natur. Das ist nicht der vage, nur angenommene Naturzustand Rousseaus, sondern erlebte Wirklichkeit mit Brautgang, Hochzeit und Tod, mit dem Kampf eines begabten, blutarmen Jungen. Jung ist ungemein beredt, wenn er Vertrauen hat. Er weiß sich kräftig, packend auszudrücken, dichterisch zuweilen. Goethe hat seine Jugendgeschichte einige Jahre später zum Druck befördert, und sie gehört sehr nahe in den Kreis seiner Werke, auch wenn er kaum etwas daran verbessert hat."[22]

Es wäre fraglos ein wenig weit hergeholt, wollte man z.B. jenen Bauernburschen im „Werther" aus den Erzählungen Heinrich Jungs allein herleiten. Wo Werther (Goethe) aber vom einfachen

Menschen spricht und ihre Lebenswelt schildert, drängt sich die Folie der Lebenserinnerungen des Köhlersohnes in den Brennpunkt der Bilder, erkennt der Leser, daß Goethe Wirklichkeiten nachgestaltet, die ihren Ursprung im Volkstümlichen haben, wie es ihm in Heinrich Jung begegnete.

Ein durchaus zwiespältiges Verhältnis hingegen hatte Goethe zu J. M. R. *Lenz* (1751 - 1792). Der brüderlichen Liebe und Seelenfreundschaft des Anfangs folgte in den späteren Jahren ein harter Bruch, den der in Weimar arrivierte Dichter und Staatsmann mit einiger Entscheidungshärte vollzog, als Lenz mit eindeutig psychopathischen Verhaltensauffälligkeiten unverhofft in Weimar erschien und Unterstützung erbat.

Lenz' unglücklicher Lebensweg ist bis zum heutigen Tage noch mit manchem Geheimnis behaftet. In Straßburg hatte er zwar den Durchbruch zu dem nach Goethe wichtigsten Dramatiker der „Sturm- und Drang"-Epoche geschafft, begnadet und voller „draufgängerischer Kraft, glühender Empfindungen und revolutionären Begehrens", wie ihn M. Pfeifer charakterisiert[23)], doch reichte seine Kraft nicht aus, das eigene Leben zu ordnen und sich einen Platz in der Welt zu erkämpfen, der ihm Anerkennung und Sicherheit geboten hätte. Lenz war ein Unbehauster, ein seltsam widersprüchlicher Mensch, der gegensätzlichste Empfindungen auszulösen vermochte, wie der Nachruf in der damals angesehenen „Allgemeinen Literaturzeitung" beweist: „Er starb von wenigen betrauert, von keinem vermißt. Von allen verkannt, gegen Mangel und Dürftigkeit kämpfend, entfernt von allem, was ihm teuer war, verlor er doch nie das Gefühl seines Wertes. Er lebte von Almosen, aber er nahm nicht von jedem Wohltaten ..."[24)]

Daß dieser Lenz ausgerechnet Friederike Brion den Hof machte (vergeblich wie später andere auch), mochte zu seiner Ablehnung in Weimar beigetragen haben. Lenz hat Goethe lange beschäftigt. In welchem Maße allerdings Paraphrasen des entwurzelten und zunehmend geistig verwirrten Dichters in die „Werther"-Fassungen eingegangen sind, vermag mit letzter Sicherheit nicht geklärt zu werden. Man kann davon ausgehen, daß Lenz' Erscheinung und sein Krankheitsbild

Goethe schon sehr früh angestoßen, auch geängstigt haben. Daß er sich der krankhaften Anlagen Lenz' im Zusammenhang mit seinem „Werther" erinnert hat, ist mehr als nur wahrscheinlich. Was ihn bedrängte, mußte er loswerden. Goethes Schnitt ist da immer sehr radikal. Ein Satz in einem Brief Goethes an Johann H. Merck ist mehr als nur aufschlußreich, nennt Goethe darin Lenz doch einen „trefflichen Jungen, den ich wie meine Seele liebe"[25]. Und wie schrieb er doch 1774 an Charlotte Kestner in der Ankündigung seines Brief-Romans: „Adieu, liebe Lotte, ich schick' Euch ehstens einen Freund, der viel Ähnliches mit mir hat, und hoffe, Ihr sollt ihn gut aufnehmen – er heißt Werther."[26]

Weniger umrätselt und von einem melancholisch-süßen Hauch umgeben ist das Verhältnis Goethes zu *Friederike Brion*, die er auf einer seiner Wanderungen und Ausflüge kennenlernte. Goethes Haltung ihr gegenüber gilt als wenig edel und charaktervoll, ließ er sie doch schlichtweg sitzen. Sein abruptes Weggehen hat viel zur Legendenbildung vom galanten, unwiderstehlichen, aber nicht weniger egoistischen Liebhaber beigetragen, der die Mädchen stets 'mißbrauchte'. Darüber ist hier nicht zu urteilen.

Goethe hatte im Kreise der Pfarrerfamilie etliche Wochen verbracht, und als er endgültig ging, blieb Sesenheim sein ganzes Leben lang „ein Eckchen in seiner Welt", nicht mehr, wie R. Friedenthal schreibt, aber immerhin doch so viel, daß es in Goethes Lebenserinnerungen seinen Platz bekommt, ein verklärtes Bild bleibt bestehen, in dem Erregendes und Nachhallendes aus dem Jahre 1771, so die berühmten Gedichte „Willkommen und Abschied" – „Mailied", einen ganz reinen Klang annehmen und eine menschliche Tragödie feinstimmig übertönen.

Das Prägendste in Goethes Sesenheimer Aufenthalt aber waren die tief empfangenen und eindringenden Berührungen vor allem mit der Natur in einem heiter-beschwingten Alltag. Ein wenig schwelgerisch, dennoch mit den Erkenntnissen der Forschung übereinstimmend, schreibt dazu M. Brion: „Sie (Friederike) hat ihm einige wundervolle Gedichte eingegeben, die vielleicht ihre Anwesenheit erforderten, um geschrieben zu werden. Sie hat dieses junge Herz vom Rokokozierat befreit, sie hat ihn auf die reine und leuchtende Ebene der Natur geführt. Sie hat in seine Seele einen Schmerz und eine Sehnsucht gepflanzt, deren Bedeutung darin liegt, daß sie nicht allzu schnell gestillt werden, damit sich die Reifung seiner Persönlichkeit vollziehen kann. Was den Dichter betrifft, hat sie das Werk Herders vervollständigt; was den Menschen angeht, so hat sie geholfen, dieses neue Wesen zu gebären; sie ist die Mutter eines neuen Goethe geworden ..."[27]

Der „Werther" lebt von diesen innigen Erfahrungen Goethes. Da sind immer wieder die Gespräche mit Angehörigen des einfachen Volkes, da ist die ganze Welt der schlichten Gesten versammelt, des schlichten Liedes. Da kehrt in Charlotte das Bild der Friederike wieder und verschmilzt zu einer der liebreizendsten Gestalten der ganzen deutschen Literatur.
Wer wollte das Gegenteil beweisen!

Und die Gedichte?
Was ist „wertherischer" als der Anfang des Mailiedes:[28]

Wie herrlich leuchtet
Mir die Natur!
Wie glänzt die Sonne!
Wie lacht die Flur!

Es dringen Blüten
Aus jedem Zweig
Und tausend Stimmen
Aus dem Gesträuch ...

Und was ist „wertherischer" als die vier Zeilen aus „Willkommen und Abschied":[29]

Dich sah ich, und die milde Freude
Floß von dem süßen Blick auf mich;
Ganz war mein Herz an deiner Seite
Und jeder Atemzug für dich.

Die Korrespondenzen im „Werther" sind die Briefe vom 12., 15. und 27 Mai; vom 21. Juni, 19. Juli und vom 3. September des Jahres 1771 (S. 8, 9, 16, 30, 44, 63) – Glück, Qual, Sehnsucht.

In den Jahren nach Sesenheim und Wetzlar gewann eine andere Frau großen Einfluß auf den noch jugendlichen Dichter vom Beginn seiner Weimarer Zeit an: *Charlotte von Stein (1742 - 1827)*. Ihr ganzes gemeinsames Leben lang, von 1775 bis zum Tode der Frau von Stein, dauerte diese in der deutschen Kultur und Geschichte einzigartige Beziehung voller Leidenschaft und geistiger Intensität, aber auch mit jenen gefühlsmäßigen Abschwächungen und Distanzierungen belastet, die wechselweise von beiden vorgenommen wurden, daß der Nachwelt ein schier unerschöpfliches 'Spekulationskapital' überlassen blieb, mit dem auch ziemlich sensationslüstern umgegangen werden konnte[30].

Bezogen auf den „Werther", ist der Lebensabschnitt zwischen 1775 und dem Bruch der Liebesbeziehung im Sommer 1789 (– Goethe hatte sich für Christiane Vulpius entschieden und sich nicht der Forderung Charlotte von Steins gebeugt, die andere Verbindung zu lösen –) sehr aufschlußreich, umfaßt er doch genau die zehn Jahre der gestaltgebenden Arbeit Goethes an seinem Jugendroman. Auch wenn Goethe die Veränderungen und Ergänzungen ganz eigenständig ersann, so waren sie doch entscheidend geleitet durch die aktuellen Erfahrungen von Trennung und Nähe, Abschied und Wiederkehr – bestimmt durch die Gefühle des Schmerzes und des rauschhaften Glücks, wie so oft bei dem Dichter. Die große Passion beider füreinander lenkte 15 Jahre ihres Lebens wie nichts anderes, wobei die Jahre nach 1786 bereits von den Vorzeichen des Zerwürfnisses und der Trennung überschattet waren.

Beide litten an ihrer Liebe, Goethe wohl existentieller. Doch für ihn gab es ja immer wieder die Überwindung verzehrender Leidenschaften im zeitlichen und räumlichen Abstand, besonders aber in der künstlerischen Arbeit. Auch Charlotte von Stein hatte sich als Schriftstellerin versucht. Ihr wurde aber kaum mehr als Talent attestiert, mäßiges in der Poesie, übrigens[31].

Ihr Schmerz um den Verlust des geliebten Mannes grub sich ein und wurde, wenigstens teilweise, in der ihr nachgerühmten Ichbezogenheit kompensiert.

Wir wenden uns nunmehr einigen Briefen Goethes zu, in denen er über seine Nacharbeit am „Werther“ Auskunft gibt, an der die ‘Mit-Wirkung‘ Charlotte von Steins unverkennbar ist.

Als ersten Brief zitieren wir den vom 19. Juni (!) 1775, den Goethe aus der Schweiz an Charlotte Buff geschrieben hatte, den ersten persönlichen nach dem Wetzlarer Zwischenspiel. Dieser Brief blendet über zur Rolle, die der „Werther“ in Goethes Weimarer Jahren einnahm:

„Gut liebe Lotte, einen Blick auf Sie und Ihre kleinen, und das liebe Männgen, aus all der herrlichen Natur heraus, mitten unter dem edlen Geschlecht das seiner Väter nicht ganz unwerth seyn darf, obs gleich auch Menschen sind hüben und drüben.

Ich kann nichts erzählen nichts beschreiben. Vielleicht erzähl ich mehr wenn mirs abwesend ist, wie mirs wohl eh mit lieben Sachen gegangen ist.

Nicht wahr Sie haben mich noch ein bisgen lieb und so halten Sie’s und küssen Ihren Mann auch von mir und Ihre Kleinen. Adieu ...“[32)]

Soviel steht fest: Goethe hatte seine „Werther-Lotte“ nicht vergessen, und es mag unbestritten sein, daß er kurz nach seinem Eintreffen in Weimar und seinem Zusammentreffen mit Frau von Stein wieder die lebendigsten Erinnerungen an das Zurückliegende hatte.

Abstand einerseits, Bedrängnisse ganz ähnlicher Art andererseits kennzeichneten im privaten Bereich die Anfänge von Goethes Weimarer Zeit. Der Brief vom 13. April 1776 an Charlotte von Stein läßt ahnen, wie nah ihm der „Werther“ plötzlich wieder gerückt war: „Warum soll ich Dich plagen! liebstes Geschöpf! Warum mich betrügen und Dich plagen und so fort! – Wir können einander nichts sein und sind einander viel. Aber eben, weil ich die Sachen nur seh, wie sie sind, das macht mich rasend. Gute Nacht, Engel, und einen guten Morgen. Ich will Dich nicht wiedersehn ...“[33)]

Das ist „Werther-Stil“ (vgl. Brief Werthers vom 30. August 1771). – Geschrieben in einer Situation, als Goethe und Frau von Stein sich bemühten, 'Vernunft' walten zu lassen, waren die Erinnerungen ganz gegenwärtig. Zwar wurde der „Werther" durch eine Vielzahl an neuen Aufgaben und gesellschaftlichen Verpflichtungen, denen sich Goethe in Weimar ausgesetzt sah, vorübergehend in den Hintergrund gedrängt, aber die Zeit seiner „Wiedergeburt" reifte allmählich heran.

Sehr sprechend – jedenfalls mehr als zufällig – erscheint uns das Datum eines anderen Briefes, den Goethe am 19. Juni (!) 1782 an Frau von Stein schrieb, mit der Bitte, ihm seine „gedruckten Sachen" zu schicken, denn er habe einen „wunderlichen Einfall"[34].

Am 21. November teilt er dem Prinzenerzieher Karl Ludwig von Knebel mit, daß es sich bei dem „wunderlichen Einfall" um eine Werther-Bearbeitung handelte[35].

Goethe war wohl etwas ruhiger geworden und konnte sich auf eine, wie er bezeichnenderweise schrieb, „so delicate und gefährliche Arbeit" einlassen, die auch zu einer höhren Qualität führen sollte, wie er gegenüber Kestner äußerte[36].

Möglicherweise spielte auch die Uraufführung von Schillers berühmtem Jugendroman „Die Räuber" (uraufgeführt am 13. Januar 1782 in Mannheim), das ihn an seinen Jugenderfolg erinnerte, in dieses Umfeld hinein. Zumindest kann in dem geheimnisvollen Zusammenwirken von Fakten, Empfindungen, Erinnerungen, Assoziationen und konkreten Anstößen eine Wahrscheinlichkeit dieser Art nicht ausgeschlossen werden[37].

Aber erst im Jahre 1786 war die Arbeit an der Zweitfassung des „Werther" beendet. Schon ganz im Vorgefühl der beschlossenen Reise nach Italien und der harten Trennung von der geliebten Frau von Stein erfolgten die letzten Arbeiten an dem Jugendroman, fast so, als sollte wirklich Schluß gemacht werden mit diesem Buch, Schluß aber auch mit einem komplizierten Verhältnis, das beständig Zerrissenheit erzeugte. Wir erwähnten den „Herausgeberbericht" als die wichtigste Änderung im Roman. Darauf spielte Goethe in zwei Briefen an Charlotte von Stein an, die er im Sommer des Jahres 1786 nach Kochberg schrieb:[28]

„... Die Erzählung am Schlusse 'Werthers' ist verändert, gebe Gott, daß sie gut gerathen sei ..." –

„... über das Ende 'Werthers' ist die Sache auch entschieden. Nachdem es Herder[39] einige Tage mit sich herumgetragen hatte, ward dem Neuen der Vorzug eingeräumt. Ich wünsche, daß Dir die Veränderung gefallen und das Publicum mich nicht schelten möge."

Der Brief bekundet Skrupel und seine Absicherung an kompetenter Stelle. Dieser sachbezogenen Mitteilung folgte vor dem Aufbruch nach Italien dann noch ein letzter, abschiednehmender Brief, der auch das Kapitel „Werther" mit einem noch einmal sehr „wertherischen" Gefühlsausdruck de facto beschließt:

„Endlich, endlich bin ich fertig und doch nicht fertig. Denn eigentlich hätte ich noch acht Tage hier zu tun. Aber ich will fort und sage auch dir noch einmal adieu. Lebe wohl, du süßes Herz! Ich bin dein."[40]

Wir stellen nunmehr einige Daten dieser lebendigen, so wechselhaften Beziehung zwischen den beiden bedeutenden Menschen übersichtlich zusammen, so daß der Leser auch das in unseren knappen Ausführungen Ausgesparte noch aufnehmen kann, ohne (zunächst) weitere Sekundärliteratur heranziehen zu müssen.

1775	Goethe in Weimar; erster Besuch bei Charlotte von Stein auf dem Kochberg/Rudolfstadt
1776	Gedichte Goethes: „Warum gabst du uns die tiefen Blicke“ (14. April) Charlotte von Stein in Pyrmont (23. Juni - 5. August) Corona Schröter, Sängerin und Rivalin, trifft in Weimar ein.
1777	Goethe in Kochberg (16. Juni) Harzreise Goethes (29. November - 19. Dezember)
1778	Goethe in Berlin (10. Mai - 1. Juli)
1779	Goethes „Zweite Schweizer Reise“ (11. September - 13. Januar)
1780	Goethe in Kochberg (4. Oktober - 10. Oktober)
1782	Goethe in Leipzig, Dessau, Eisenach – Kochberg
1783	Goethes „Zweite Harzreise“ mit Fritz von Stein, Charlottes jüngstem Sohn, der seit dem 25. Mai bei ihm wohnt und erzogen wird.
1784	Charlotte von Stein in Kochberg (31. Mai - 2. August)
1785	Goethe und Charlotte von Stein in Karlsbad (Juni - August)
1786	Abschied Goethes von Charlotte von Stein. Vorläufig letzter Brief (2./3. September – s.o.). – Abreise nach Italien. – Brief Goethes erst wieder Ende November.

Über die Wirkung des „Werther“ ist so viel geschrieben worden, daß wir uns mit einem Hinweis auf die einschlägige Literatur (vgl. Kapitel V) und darüber hinaus mit einer Skizze begnügen wollen, in der die nachschaffende Auseinandersetzung, die „Wertheriaden“, synoptisch und auf nur einzelne der weit über 100 Titel des In- und Auslandes reduziert dargestellt werden soll.[41)]

WERTHER – WIRKUNGEN [43]

DEUTSCHLAND 1774

1774 C. E. v. Reitzenstein
„Lotte bei Werthers Grabe“

1775 F. Nicolai
„Freuden des jungen Werther“

J. M. R. Lenz
„Zehn Briefe über die Moralität der Leiden des jungen Werther“

A. C. Stockmann
„Die Leiden der jungen Wertherin“

F. v. Goué
„Masuren oder der junge Werther“

1776 J. M. Miller
„Siegwart, eine Klostergeschichte“

J. M. R. Lenz
„Der Waldbruder“

1939 Th. Mann
„Lotte in Weimar“

1972 U. Plenzdorf
„Die neuen Leiden des jungen W.“

ENGLAND Übers. 1779

In den achtziger Jahren nahm sich eine große Anzahl weitgehend unbekannter Dichter des „Werther“ an. Er hatte aber bei weitem nicht die sensationelle Aufnahme gefunden wie in Frankreich (trotz des „Ossian“). –

Erst mit J. D. Salingers "The Catcher in the Rye" (1951) wird im anglo-amerikanischen Literatur- und Sprachraum ein großes Beispiel in der Nachfolge des „Werther“ auftauchen.

1951 J. D. Salinger
"The Catcher in the Rye"

FRANKREICH
Übers. 1775

1802 F. R. A. Chateaubriand
„René“

Zur Zentralfigur dieses Romans schreibt F. Sieburg:[44)]
„... Der Romanheld des René ist gewiß ein Nachfahr des Werther, aber auch dann ein Vorläufer des 'Adolphe' von Benjamin Constant. Goethe befreit sich von seiner Liebe zu Charlotte, indem er sie gleichsam an Werther abtritt. Werther ist ein lebendiger Mensch, er existiert, darum ergreift uns sein Untergang, darum triumphiert Goethe über sein Leid. Es ist ein Akt der Befreiung durch die Kunst. Dem französischen Dichter gelingt diese Befreiung nicht, denn er kann seinem Helden René wohl seine Gefühle, nicht aber seine Konflikte abtreten ...“

ITALIEN
Übers. 1781

Übersetzungen und Nachdichtungen volkstümlichen Zuschnitts, von denen besonders die Komödie „Verter“ und der Roman „Ultime Lettere di Jacopo Ortis“ zu erwähnen sind. –

1794 A. S. Sografi
„Verter“

1799 U. Foscolo
„Ulitme Lettere di Jacopo Ortis“

Goethe erhielt ein Widmungsexemplar des Romans, aus dem er einige Briefe übersetzte. Heinrich Luden (1780-1847), ein junger Geschichtsprofessor aus Jena, übertrug 1807 das italienische Original mit dem Titel „Die letzten Briefe des Jacopo Ortis“.

Wir möchten ihr einige Sätze voranstellen, die den nicht immer leicht faßbaren Zusammenhang von Wert und Wirkung eines Kunstwerkes in Zeiten und Gesellschaften, Räumen und Kulturen am Beispiel des „Werther"-Erfolges sehr verständlich beschreiben:

„Vor uns liegt ein Text, dem an sozialem wie geographischem Verbreitungsgrad nur wenige Werke der Literatur gleichkommen, ein Werk, das der tiefsinnigen Ausdeutung ebenso offenstand wie der grobkörnigen Trivialisierung, das Parodie gleichermaßen erweckte wie fromme Nachahmung, das sentimentale Identifikation ebenso auf sich gezogen hat wie brüske Ablehnung, moralisches Anathema und behördliches Verbot.

Was so im Guten wie im Bösen den Nerv seiner Zeit traf, des einen Erfahrungen bestärkte und des anderen Befürchtungen weckte: das war nur zum geringen Teil aus dem persönlichen Erleben eines jungen Mannes Anfang der Zwanzig hervorgegangen. Es hätte freilich seinen Erfolg nicht gefunden, wäre jenes Erleben nicht repräsentativ gewesen für das Leiden einer ganzen bürgerlichen Generation an der Zeit und ihren Verhältnissen ..."[42)]

Leiden an den Verhältnissen – das war auch eine der fundamentalen Erfahrungen des jungen Edgar Wibeau, wie aufgezeigt wurde. Es ist ebenso trivial wie wahr, wenn gesagt wird, daß es überall und zu jeder Zeit Umstände gibt, an denen in der gegebenen Gesellschaftsform einzelne Menschen zu leiden haben. Wir sind mit Jäger der Ansicht, daß es die spezifischen Verhältnisse und Leiderfahrungen der kleinbürgerlichen Gesellschaft gegen Ende des 18. Jahrhunderts waren (– im Jahre 1789 brach in Frankreich die Revolution aus –), die ein derartiges Echo überhaupt erst auslösen konnten, wie es auf ein literarisches Werk in Europa und der Welt lange Zeit kein zweites mehr gegeben hat.

4. Goethe und Werther – Werther und Goethe

In diesem sind sich wohl alle Menschen überall und zu allen Zeiten gleich: in ihrem Hang zu Klatsch und Tratsch, zu rascher Vermutung und eiligem Gerücht.

Die Herkunft und Vergangenheit Goethes, sein ungeniertes Auftreten in der Öffentlichkeit, seine Amouren und literarisch-philosophischen Ambitionen haben ausreichend Anlaß geboten, ihm den Stempel des Exotischen aufzudrücken und – wo immer möglich – sich sensationsbegierig an ihm zu berauschen. Dazu gab der „Werther" wirklich alles her, denn wer sonst als Goethe selbst sollte jener unglücklich Liebende sein, der von Hand zu Hand, Mund zu Mund und, auch wenn man es nicht immer zugeben wollte, von „Herz zu Herze" ging!

Zieht man die die Vorkapitel erhellten entstehungs- und wirkungsgeschichtlichen Daten einmal ab, dann liefert der Text immer noch eine beeindruckende Vielzahl an Ähnlichkeiten und Übereinstimmungen zwischen dem Romanhelden und seinem geistigen Vater (sogar der Geburtstag ist derselbe – vgl. Brief vom 28. August 1771, S. 61), die in der Tat eine naive Gleichsetzung herausforderten zumal in einer Zeit und Gesellschaft, die ohnehin mit einer nur geringen Distanz zum Alltäglichen 'nebenan', erst recht zum Außerordentlichen lebte.

Nichts hat sich verständlicherweise hartnäckiger halten können als die Annahme einer vollkommenen Identität beider bis auf ..., eben, bis auf den Tod.

Hier trennten sich für jedermann erkennbar die Lebenslinien: Jener stürzte ins Nichts zurück, der andere schwang sich dem Licht und Leben entgegen. Aber man hielt trotzdem gern an dem fest, was Anreiz für immerwährende Gespräche und unversiegbarer Quell für immer neues schauderndes Entsetzen war: Werther und Lotte – Goethe und Werther – Lotte und Goethe.

Tatsächlich hat erst die aufgeklärte germanistische Forschung, als sie Goethes Leben und Schriften ordnend wertete und vermaß, Objektivität im Umgang mit ihm und seiner Zeit gelehrt, so daß wir heute in der Lage sind, Fiktion und Wirklichkeit zu trennen.

Wir möchten in diesem Teilkapitel nicht auch noch einmal die Übereinstimmungen zwischen Goethe und Werther ausbreiten, wie dies in der Goethe-Literatur gleich hundertfach und wesentlich ausführlicher nachzulesen ist.[45] Dem informierten Leser mag darum hier und da eine erinnernde Andeutung genügen, und der weniger informierte wird mit den gesetzten Schwerpunkten Einblicke in entsprechende Aspekte und Perspektiven gewinnen können, die er selbst weiterverfolgen mag.

Uns geht es in diesem Teil unserer Betrachtungen um die im „Werther“ thematisierte Künstler-Problematik. Wir gehen dabei zunächst von drei Zitaten aus.

Im ersten Zitat vermittelt uns ein betroffener Zeitgenosse einen sehr objektiven Einblick in die Persönlichkeit Goethes bei seinem Erscheinen in Wetzlar: „... Im Frühling kam ein gewisser Goethe aus Franckfurt (...), um sich hier – dieß war seines Vaters Absicht – in Praxi umzusehen, der seinigen nach aber, den Homer, Pindar etc. zu studiren (...) Er hat sehr viel Talente, ist ein wahres Genie, und ein Mensch von Charakter; er besitzt eine außerordentlich lebhafte Einbildungskraft, daher er sich meistens in Bildern und Gleichnissen ausdrückt (...) Er ist in allen seinen Affekten heftig, hat jedoch oft viel Gewalt über sich. Seine Denkungsart ist edel (...) Aller Zwang ist ihm verhaßt. Er liebt die Kinder (...), bey Frauenzimmern und vielen Andern ist er doch wohl angeschrieben (...) Er hat schon viel gethan und viele Kenntnisse, viel Lectüre; aber doch noch mehr gedacht und raisonirt (...)“[46]

Im zweiten Zitat, das wir bereits weiter vorn anführten (s. Kap. 2.3), erfahren wir von Goethe selbst den Grad seiner Identifiaktion mit seinem Roman-Helden: „Adieu, liebe Lotte, ich schick' Euch ehstens einen Freund, der viel Ähnliches mit mir hat ...“[47]

Im folgenden dritten Zitat, ebenfalls von Goethe, erhalten wir in der Retrospektive aus dem zeitlichen Abstand von vierzig

Jahren eine ganz persönliche Wetzlarer Reminiszenz: „... Der neue Ankömmling, völlig frei von allen Banden, sorglos in der Gegenwart eines Mädchens, das, schon versagt (Anm. des Verf.: versprochen), den gefälligsten Dienst nicht als Bewerbung auslegen und sich desto eher erfreuen konnte, ließ sich ruhig gehen, war aber bald dergestalt eingesponnen und gefesselt, und zugleich von dem jungen Paare so zutraulich und freundlich behandelt, daß er sich selbst nicht mehr kannte (...); sie hatten sich schon alle drei an einander gewöhnt, ohne es zu wollen, und wußten nicht, wie sie dazu kamen, sich nicht entbehren zu können. So lebten sie, den herrlichen Sommer hin, eine echt deutsche Idylle, wozu das fruchtbare Land die Prosa, und eine reine Neigung die Poesie hergab."[48)]

Mag gerade dieses letzte Zitat ein wenig verklären, was ehedem dramatischer verlaufen war; mögen auch die Gefühle der jungen Mannesjahre milde überglänzt und aus der Weisheit des Alters harmonisiert erscheinen: „Werther" muß auch von hier aus gelesen werden, damit umso deutlicher zu erkennen ist, wer er *nicht* war.

Natürlich besitzt Werther alle noblen Charakterzüge, Veranlagungen und glücklichen Talente, die Kestner an Goethe hervorhebt, als dieser in Wetzlar bekannt wird. Aus den sich offenbarenden Neigungen Werthers ragen die *künstlerischen* eindringlich heraus: das Bemühen um eine ästhetisch-produktive Auseinandersetzung mit der Umwelt im *Zeichnen, Lesen* und *Schreiben*. Es kann nicht genug betont werden, daß Werther ein „lesender Held" ist[49)]; er ist aber auch ein Held, der zeichnet und vor allem *schreibt*. Auf den Seiten 54/55 ist hervorgehoben worden, worin seine Briefe gehaltlich-stilistisch so weit über den zeitüblichen galanten Konversationston hinausgehen.

Goethe hat sich hier selbst dargestellt und den Sockel seines Denkmals zementiert, denn die künstlerische Einheit des Malens, Lesens und Schreibens – mehr als nur eine Reverenz an die Zeit – kennzeichnete ihn in seinem eigenen künstlerischen Antrieb und Tun. Aber er unterschied sich von Werther bzw. setzte ihn als künstlerischen Dilettanten von sich ab.

Goethe und Werther: ein kaum entwirrbares Geflecht der realen und abgeleiteten Bezüge in einer literarischen *Kunstfigur*, hinter der sich so unendlich viel vom „Geheimnis des künstlerischen Schaffens“ verbirgt, in einem beständigen Ringen zwischen „Unbewußtheit und Bewußtheit“, wie St. Zweig auf den Schlußseiten seines Buches schreibt.[50)]

Da es sich also bei Werther um eine Romanfigur handelt, gilt es *ihn* auszuleuchten, ihn für einige Augenblicke in den Schnittpunkt dreier Strahlenbündel zu bringen: Werther als Maler, Literaturkenner und Dichter und ihn sodann mit Goethe in diesen Ebenen zu kontrastieren.

Wir gehen zunächst auf den ‘malenden Werther‘ zu und greifen vier seiner Briefe heraus, in denen er darüber Wesentliches und für ihn Charakteristisches aussagt. Es sind die Briefe vom 10. Mai, 26. Mai, 24. Juli 1771 und vom 11. Juni 1772 (S. 7, 14, 45, 86-87).

Das *Zeichnen und Malen* ist eine der konstantesten Betätigungen Werthers überhaupt. Es war für ihn schon vor seinem Zusammentreffen mit Lotte ein wichtiger Inhalt seines Lebens und wird von ihm in der Rückschau auf nicht näher geschilderte Lebensumstände beständig mitreflektiert. Dieses künstlerische Tun scheint ihn im Gleichgewicht zu halten. Es ist eine reine Freude für ihn, solange er noch eine größere Distanz zu sich selbst und zu seiner Mitwelt hat. Es wird zu einer krankhaften Zwangsvorstellung, als er die objektiven Maßstäbe verliert und sich selbst zu überschätzen beginnt. In dem Maße wie Werther mehr und mehr auf sich fixiert ist und die Objektwelt vor seinem Auge und Geist zu zerfließen beginnt, begreift er sich als den ‘wahren Künstler‘, der er nicht ist. Die Diskrepanz zwischen Schein und Wirklichkeit nimmt für den Leser erkennbar zu, nur Werther selbst bemerkt sie nicht.

Am 10. Mai schreibt Werther: „... Ich bin allein und freue mich meines Lebens in dieser Gegend, die für solche Seelen geschaffen ist wie die meine. Ich bin so glücklich, mein Bester, so ganz in dem Gefühle von ruhigem Dasein versunken, daß meine Kunst darunter leidet. Ich könnte jetzt nicht zeichnen, und bin nie ein größerer Maler gewesen als in diesen Augenblicken ...“

Als die situationskennzeichnenden Wörter erkennen wir in diesem Brief das mehrfache „Ich", „allein", „in ruhigem Dasein versunken". Werther befindet sich in einem Akt der Selbstbetrachtung, in einem vermeintlich geschlossenen Zustand innerer Versammlung und Ruhe, aus der Schöpferkraft erwachsen *könnte*. Aber sie bleibt aus. Werther verharrt in der Passivität und selbstbemitleidenden Deliberation seines Zustandes als 'großer, aber (leider) verhinderter Maler'.

Im Brief vom 26. Mai berichtet Werther von seinem recht bescheidenen Ergebnis eines einstündigen Bemühens, eine kleine Familienszene auf das Zeichenblatt zu bringen: „... Mich vergnügte der Anblick: ich setzte mich auf einen Pflug, der gegenüberstand, und zeichnete die brüderliche Stellung mit vielem Ergetzen. Ich fügte den nächsten Zaun, ein Scheunentor und einige gebrochene Wagenräder bei, alles, wie es hintereinander stand, und fand nach Verlauf einer Stunde, daß ich eine wohlgeordnete, sehr interessante Zeichnung verfertigt hatte, ohne das Mindeste von dem Meinen hinzuzutun. Das bestärkte mich in meinem Vorsatze, mich künftig allein an die Natur zu halten. Sie allein ist unendlich reich, und sie allein bildet den großen Künstler ..."

Das klingt sehr zurückgenommen und nach fundamentaler Einsicht. In Wirklichkeit stilisiert Werther jedoch sich und seine künstlerische Beschränktheit – in der Überbewertung der simplen, von jedem Maler als Grundvoraussetzung zu beherrschenden Technik des Zeichnens nach der Natur – wieder zum großen 'Künstler' hoch. Mit einem Schwall an Erklärungen und Belehrungen deckt er sein Unvermögen zu und versucht, wenn man H.R. Vaget folgt, „wie alle Dilettanten, mit erlittenen Wirkungen" zu beeindrucken.[51)]

Noch stärker tritt dies im Brief vom 24. Juli hervor. Nach mehreren vergeblichen Anläufen, Lotte zu portraitieren, muß er sich mit einem Schattenriß von ihr begnügen: „Lottens Portrait habe ich dreimal angefangen und habe mich dreimal prostituiert ..."

Werther hat trotz guter Zureden seines Freundes Wilhelm das Zeichnen vernachlässigt und ist unsicher geworden, der er doch noch vor einiger Zeit „glücklich im Treffen“ gewesen ist, d.h. sicher im Abbilden eines Objektes.

Daß ihm nichts Rechtes gelingen will, beweist zweierlei: Zum einen, daß er niemals über eine souveräne Technik verfügt hat, und zum anderen, daß seine Sehnsuchtsphantastereien in schon beängstigender Weise ein Zupacken und Bewältigen selbst einer einfachen Handlung blockieren.

Werthers Ausweg ist eine närrische, kindische Ausgelassenheit, die Lotte als „fürchterlich“ empfindet (S. 48). Diese Ersatzhandlungen sprechen beredt für Werthers Unvermögen, die Diskrepanz zwischen „Empfindungen“ und „Gestaltung“ auch nur annähernd auszugleichen.[52)]

Den Höhepunkt von Werthers eigener Künstler-Illusion stellt der Brief vom 11. Juli 1772 dar. Werther hält sich zu dem Zeitpunkt noch in der Umgebung seines fürstlichen Gönners auf, dessen amateurhaftes Kunstverständnis er von “oben herab“ verurteilt: „... Der Fürst fühlt in der Kunst und würde noch stärker fühlen, wenn er nicht durch das garstige wissenschaftliche Wesen und durch die gewöhnliche Terminologie eingeschränkt wäre. Manchmal knirsche ich mit den Zähnen, wenn ich ihn mit warmer Imagination an Natur und Kunst herumführe und er es auch einmal recht gut zu machen denkt, wenn er mit einem gestempelten Kunstworte dreinstolpert.“

Werther fehlt jeglich Klarsicht, um sein eigenes deckungsgleiches Verhalten zu erkennen. Der Zustand einer „warmen Imagination“, d.h. Gefühligkeit, ist für ihn die Grundlage aller Kunst. Diese Stufe hat er nie überwunden; nunmehr verliert er sie sogar und damit das tragende Element seines Lebens überhaupt: Werther kann nur noch darüber reden; seine tätigen Kräfte haben sich längst zurückentwickelt, und bald werden die „glücklichen Empfindungen“ gänzlich umschlagen, da sie nicht gestaltet werden können. Werther ist auf dem Wege zur Ausdruckslosigkeit im Sinne einer sozialen Kommunikation. Er wird damit zum stammelnden Vorläufer jenes "Lenz", dessen Psychogramm ein halbes Jahrhundert später von G. Büchner als geniales Erzählfragment niedergeschrieben wird.[53)]

Dieser Verlust der "glücklichen Empfindungen", der "innerlich aufgezehrte Dilettantismus"[54], beschleunigt Werthers Untergang, dessen wirklichen Grund er im übrigen klar vor Augen hat, wenn er schreibt: „...Ich fühle zu wahr, daß in mir allein die Schuld liegt – nicht Schuld! Genug, daß in mir die Quelle allen Elends verborgen ist wie ehemals die Quelle aller Seligkeiten ..." (S. 99)

Werthers „Blätter werden gelb" (Brief vom 4. September 1772 – S. 89-90). Sein Ich und die Natur bilden eine korrespondierende Einheit. In diesem beinahe surrealen Bild des Todes verbirgt sich auch eine Aussage über sein Verhältnis gegenüber dem Zeichnen und Malen: Werther zeichnet und malt nicht mehr. Das Pergament wird trocken; die Zeit macht es gelb – es vergilbt.

Wir haben erhellt, daß Goethes Werther-Roman nicht auf den Wetzlarer Sommer 1772 und als Reflex auf eine 'Liebelei' eingeengt werden darf. H.R. Vaget betont, daß man diesem Buch erst gerecht werden kann, „wenn wir es als Summe des jungen Goethe über seine Künstlerschaft im ganzen betrachten."[55] Insoweit ist der „Werther" als bedeutsamer im Lebenswerk des Dichters und als zentraler erkannt worden, als ihm vielfach und lange Zeit attestiert worden war. Vaget untermauert seine Sichtweise nachdrücklich mit Beleghinweisen aus vielen persönlichen und literarischen Dokumenten Goethes. Uns muß es hier genügen, das von Vaget Dargelegte mit einigen ergänzenden Teilaspekten zu bestätigen.

Für Goethe war das Zeichnen ein untrennbar mit seinem literarischen Werk verbundenes Medium zum Durchdringen und Objektivieren der empfangenen Eindrücke von den Menschen und er Natur allgemein, von der Kunst und Kultur, von Politik und Geschichte im nahen und fernen Umkreis seines Lebens. Goethes Bilder stellen ein Werk für sich dar.[56] Bis ins hohe Alter hat Goethe sich im Malen und Zeichnen zu vervollkommnen versucht und fortgesetzt, was er in seiner Jugend und Leipziger Studentenzeit begonnen hatte.[57] Das Zeichnen nahm in seinem ganzen Leben einen besonderen Platz ein, aber er hat erst mit den Jahren gelernt, sich in diesem Feld mit den Produkten seiner schöpferischen Nebentätigkeit nicht zu überschätzen. Allerdings lebte er auch lange in der permanenten Angst, im Zeichnen nicht zur künstlerischen Vollkommenheit zu gelangen und kein schöpferisches Pendant dagegensetzen zu können.

Zum Zeichnen gehört der analytische Blick. Goethe war selbstkritisch genug, sich einzugestehen, daß hier seine Stärken nicht lagen. So lesen wir im Tagebuch der "Italienischen Reise" unter der Eintragung vom 8. September 1786: „... wo soll aber Zeit und Ruhe zum Analysieren herkommen, das ohnehin, wenn ich mich recht kenne, meine Stärke niemals werden kann ..."[58)]

Was Goethe hier auf seine Befähigung im naturwissenschaftlichen Bereich bezog, kann gleichwohl für seine zeichnerische Begabung gelten. Als er endlich in Rom und damit am Ziel seiner Wünsche war, vertraute er am 10. November dem Tagebuch (und der Nachwelt) an, daß er seinen Standort und das rechte Augenmaß wohl gefunden hätte. Wäre Werther über den Zustand des „Ergetzens" hinausgelangt, hätte er zu vorwärtsgerichteter Selbstbescheidung und zur Konzentration aufs Wesentliche gefunden, dann hätten wir wohl einen ganz ähnlichen Brief lesen können. Dann hätten wir aber auch keinen „Werther" gehabt, denn zum Zeitpunkt der Niederschrift war Goethe noch nicht so weit gereift. Wir haben hier eine abgeklärte Tagebucheintragung vor uns, die den gewaltigen Abstand zur durchlittenen Dilettantismus-Not Goethes in wunderbarer Begradigung darlegt: „Ich lebe nun hier mit einer Klarheit und Ruhe, von der ich lange kein Gefühl hatte. Meine Übung, alle Dinge, wie sie sind zu sehen und abzulesen, meine Treue, das Auge licht sein zu lassen, meine völlige Entäußerung von aller Prätention kommen mir wieder einmal recht zustatten (...) Kehr ich nun in mich selbst zurück, wie man doch so gern tut bei jeder Gelegenheit, so entdecke ich ein Gefühl, das mich unendlich freut, ja, das ich sogar auszusprechen wage. Wer sich mit Ernst hier umsieht und Augen hat zu sehen, muß solid werden, er muß einen Begriff von Solidität fassen, der ihm nie so lebendig ward (...) Ich bin nicht hier, um nach meiner Art zu genießen; befleißigen will ich mich der großen Gegenstäne, lernen und mich ausbilden, ehe ich vierzig Jahre alt werde."[59]

Diese Aufführungen Goethes und weitere aus dem Tagebuch der „Italienischen Reise" geben Vaget recht, wenn er im Hinblick auf das Zeichnen von Goethe sagt, daß er wohl erst in Rom „die Einsicht in das Ungenügen seines Talents akzeptierte."[60]

Der „Werther" aber war ein Gewaltstreich der Selbstbefreiung durch das Medium des Schreibens, und das macht immer wieder im Kernpunkt klar, warum Goethe nur mit sehr gemischten Gefühlen auf seinen Jugendroman zurückblicken mochte. Goethe stand auf der Kippe: Gelingen oder Scheitern, Dilettant sein und untergehen oder zu wirklicher schöpferischer Größe als Schriftsteller zu finden. –

Werther wurde mehrfach als der „lesende Held" bezeichnet, ohne daß wir ihn in dieser Besonderheit bisher näher bestimmt haben. Das soll hier geschehen, denn Werthers Verstrickung in seine Lektüre- und Lesegewohnheiten ist ebenso verhängnisvoll für ihn wie seine wenig erfolgreichen Bemühungen im Zeichnen. Dabei möchten wir auf die Briefe vom 16. Juni, 10. Juli 1771 und vom 26. November 1772 eingehen. (S. 19-29; 41; 103)

Wir haben aufgezeigt, daß Werthers krankhafte Wandlung auch an der veränderten Wahl seiner Bücher abzulesen ist. Wenn von ihm als „lesendem Held" die Rede ist, geschieht dies zumeist mit einem Blick auf seine Leseweise, die „Spiegel seines bewegten Innern" ist[61], aber auch auf seine Rolle als Repräsentant eines 'lesenden Zeitalters', in dem es bei vielen Menschen ganz ähnliche Empfindungen gegenüber der Literatur gegeben hat wie beim Helden des Romans[62].

Goethes Charakterisierung von Werthers Lesegewohnheiten und Lektürevorlieben hat deutlich drei Schwerpunkte, die einerseits Bestätigung, andererseits Kritik des zeitgenössischen Verhältnisses zum Lesen und zur Literatur beinhalten:

- Literatur in ihrer gemeinschaftsstiftenden Funktion,
- Literatur als Trostspenderin;
- Literatur als Droge.

Der lange Brief vom 16. Juli verdeutlicht den Stellenwert der Literatur in ihrer verbindenen Kraft. Für Werther ist sie Segnung und Fluch in einem: „... Wir traten ans Fenster. Es donnerte abseitwärts, und der herrliche Regen säuselte auf das Land, und der erquickendste Wohlgeruch stieg in aller Fülle einer warmen Luft zu uns auf. Sie stand, auf ihren Ellenbogen gestützt, ihr Blick durchdrang die Gegend, sie sah gen Himmel und auf mich, ich sah ihre Augen tränenvoll, sie legte ihre Hand auf die meinige und sagte: – Klopstock! – (...) Ich erinnerte mich sogleich der herrlichen Ode, die ihr in Gedanken lag, und versank in dem Strome von Empfiundungen, den sie in dieser Losung über mich ausgoß."[63)]

In dieser gemeinsamen, schwärmerischen Huldigung Klopstocks und durchzuckt von der ersten Berührung Lottes wähnt sich Werther in innigster Verbundenheit mit der jungen Frau. Aber in seinem kranken Hirn macht er ehr daraus, als ihm Lotte zu geben bereit ist. Wohl hat sie die gleichen Empfindungen, was Klopstock und seine Ode angeht, aber sie hat einen gesunden Abstand zu ihnen. Ihre Lebenssehnsucht besteht nicht im Nähren von Träumen. Ihre Haupaufgabe liegt darin, für die zahlreichen Familienmitglieder und ihren Verlobten zu sorgen. Sie binden ihre Kräfte und bedeuten für sie die tätige Mitte ihres Lebens im Gegensatz zur Leere in und um Werther. Literatur und Musik haben in Lottes karg bemessener Freizeit ihren Platz und dienen der Zerstreuung. Sie haben jedenfalls nicht den übersteigerten Rang und die krankhafte Dimension in Lottes Leben, die Werther ihr aus seinen Empfindungen heraus anzudichten versucht.

Im knappen Brief vom 10. Juli mokiert sich Werther über das Wort „gefallen", mit dem die Gesellschaft seine Gefühle für Lotte umschreibt: „... Wenn man mich nun gar fragt, wie sie mir gefällt? – Gefällt! das Wort hasse ich auf den Tod ..."

Der subjektiven Empfindungstiefe Werthers kann ein so profanes Wort nicht angemessen sein, weder für Lotte noch für die Literatur. Lotte und die Dichter nehmen den Platz von Heiligen ein. Je tiefer sich Werther in seine „Leidenschaften" verstrickt, desto mehr beschlagnahmen sie alle seine Sinne, desto größer wird sein Abstand zur Realität. Aus den Dichtungen führt sich Werther *Trost* zu, und sie werden in krankhafter Übersteigerung gegen die Wirklichkeit gesetzt.[64)] Von hier bis zur vollkommenen Abhängigkeit von dieser 'Droge' ist es nur ein kleiner Schritt.

Wie sehr die Lektüre bei Werther zur „zwanghaft gewordenen Selbstbespiegelung ausgeartet" ist[65)], zeigt sich kraß im Brief vom 26. November. Wir zitieren daraus: „... so ist noch keiner gequält worden. Dann lese ich einen Dichter der Vorzeit, und es ist mir, als säh' ich in mein eignes Herz ..."

Werther genießt die Einsamkeit seiner Lektüre und seine Isolation. Krankhafter Lebensüberdruß wird hier lesend kompensiert und zugleich erzeugt. Der „lesende Held" Werther verfügt nicht souverän über die Welt der Bücher in einer intellektuell notwendigen Distanz, die Begeisterung und Leidenschaft nicht auszuschließen brauchte.

Den Gipfelpunkt dieser Entwicklung bildet die gemeinsame Lektüre des „Ossian" (Herausgeberbericht S. 127-135), und auch Lotte erliegt für Augenblicke auf 'wertherische' Weise seinem Werben im Rausche der Dichter-Worte. Es ist dies Werthers völlige Vereinigung mit der Geliebten (...), wenn auch nur im Medium einer poetisch verklärten Todeserwartung."[66)] Wir haben nun keinen Augenblick länger zu zweifeln, daß Werther reif für die Kugel ist, die er sich schon lange zugedacht hat.

Es wurde gesagt, daß Goethe *sein* Dilettantismus-Problem lesend und vor allem *schreibend* bewältigte. Seine Kenntnis der alten und zeitgenössischen Literatur war beeindruckend. Es ist nur mit Staunen nachzuvollziehen, in welch wunderbarer Weise Lesen und Schreiben mit seinem Leben zu einer vollkommenen Einheit zusammenwuchsen, aus deren versammelter Energie ein an Umfang und Reichtum in der Weltliteratur einmaliges Werkganzes entstehen konnte.

Wenn als richtig unterstellt werden darf, daß der junge Goethe dem „Betrachter, wie in einem Vexierbild, zwei Gesichter" zeigte, „ein ganymedisches und das des frustrierten, verzweifelten Dilettanten"[67)], dann darf gefolgert werden, daß den

Dichter zumindest in einem vorbewußten Stadium das *Dämonische* im eigenen Leben und im Werther beschäftigt hat. Alle zentralen Gedanken und Äußerungen dazu stammen allerdings erst aus den Schriften der späteren Jahre.[68)]

Uns erscheint der Gedanke reizvoll und nicht abwegig, gerade aus den Rückblicken des Mannes, der ein so überaus reiches und erfülltes Leben hatte, die Bedeutung des „Dämonischen" verdichtend und vorsichtig deutend, in einem Reflexionsansatz wenigstens, auf den „Werther" zu beziehen.

Goethe schrieb in seinen Lebenserinnerungen „Dichtung und Wahrheit" zum Wesen des Dämonischen u.a. die folgenden, sehr interessanten Sätze:

„... Obgleich jenes Dämonische sich in allem Körperlichen und Unkörperlichen manifestieren kann, ja bei den Tieren sich aufs merkwürdigste ausspricht; so steht es vorzüglich mit dem Menschen im wunderbarsten Zusammenhang und bildet eine der moralischen Weltordnung, wo nicht entgegengesetzte, doch sie durchkreuzende Macht, so daß man die eine für den Zettel, die andere für den Einschlag könnte gelten lassen. Für die Phänomene, welche hiedurch hervorgebracht werden, gibt es unzählige Namen: denn alle Philosophien und Religionen haben prosaisch und poetisch dieses Rätsel zu lösen und die Sache schließlich abzutun gesucht, welches ihnen noch fernerhin unbenommen bleibe. Am fruchtbarsten aber erscheint dieses Dämonische, wenn es in irgend einem Menschen überwiegend hervortritt. Während meines Lebensganges habe ich mehrere teils in der Nähe, teils in der Ferne beobachten können. Es sind nicht immer die vorzüglichsten Menschen, weder an Geist noch an Talenten, selten durch Herzensgüte sich empfehlend; aber eine ungeheure Kraft geht von ihnen aus, und sie üben eine unglaubliche Gewalt über alle Geschöpfe, ja sogar über die Elemente, und wer kann sagen, wie weit sich eine solche Wirkung erstrecken wird? Alle vereinten sittlichen Kräfte vermögen nichts gegen sie; vergebens, daß der hellere Teil der Menschen sie als Betrogene oder als Betrüger verdächtig machen will, die Masse wird von ihnen angezogen. Selten oder nie finden sie Gleichzeitige ihresgleichen, und sie sind durch nichts zu überwinden, als durch das Universum selbst, mit dem sie den Kampf begonnen; und aus solchen Bemerkungen mag wohl jener sonderbare aber ungeheure Spruch entstanden sein: Nemo contra deum nisi deus ipse.

Von diesen höheren Betrachtungen kehre ich wieder in mein kleines Leben zurück, dem aber doch auch seltsame Ereignisse, wenigstens mit einem dämonischen Schein bekleidet, bevorstanden ..."[69]

Goethe selbst sah sich nicht als einen seiner Natur nach „dämonischen Menschen", gleichwohl nicht gänzlich frei davon. So treffen alle Attribute, die Goethe auch in vielen Gesprächen mit Eckermann den dämonischen Menschen zuschrieb, nur bedingt auf ihn und seinen Werther zu. Daß Werther zumindest etwas von einem „dämonischen Schein"[70] besitzt, darf folglich behauptet werden: Werther steht intellektuell und in seinen Empfindungen auf einer hohen Entwicklungsstufe. Seine angeborenen Talente, sein Wissen und seine menschengewinnende Anziehungskraft heben ihn weit über das Durchschnittliche der Zeit hinaus. Er verkörpert etwas von dem „Dunklen". Viele junge Menschen gerieten, freilich erst 'nach seinem Tode', als Nachfolger in 'manière et habit' in seinen Bann.

Wir haben verfolgen können, in welcher Weise Werthers „leitender Wille auf Abwege" geriet[71], wie ihn sein Dämon verließ. Im Gegensatz zum wahren Künstler blieb Werther das „förderlich Tätige" als Ergänzung zur zweifellos in ihm angelegten „Tendenz zum Schönen" versagt[72]. Alle Briefe lassen keine Gestaltungsabsicht erkennen. Werther läßt sich treiben, und so haben seine Mitteilungen in der Unmittelbarkeit seiner Gefühlsausbrüche etwas Zufälliges und bizarr Ungeformtes. Es ist eben auch nicht der bewußt um die Ausdrucksgestalt sich mühende Schriftsteller, sondern auch in seinem Schreiben der gefühlsselige Schöngeist.

Goethe wurde von *seinem* Dämon zum „förderlich Tätigen" gezwungen, d.h. in diesem Fall zum Schreiben. Den vielleicht wichtigsten Satz dazu finden wir in seinen Ausführungen gegenüber Eckermann vom 20. Dezember 1829 über die Natur der wirklichen Dichter: „... Das Außerordentliche, was solche Menschen leisten (...), setzt eine sehr zarte Organisation voraus, damit sie seltener Empfindungen fähig sind und die Stimme der Himmlischen vernehmen mögen. Nun ist eine solche Organisation im Konflikt mit der Welt und den Elementen leichter gestört und verletzt, und wer nicht, wie Voltaire, mit großer Sensibilität eine außerordentliche Zähigkeit verbindet, ist leicht einer fortgesetzten Kränklichkeit unterworfen ..."[73)]

Zeitlebens hat sich Goethe um die an Voltaire hervorgehobene Zähigkeit und Energie bemüht, um seinen guten Dämon 'zufriedenzustellen'.

Kehren wir noch einmal zu Werthers Tod zurück.
Im Verlaufe unserer Darstellung ist die Zwangsläufigkeit von Werthers Selbstmord aufgrund der 'Künstlichkeit' in seiner Denk- und Lebensweise klargelegt worden. Wir wollen im Ausklang dieses Kapitels einzelne Sichtweisen dagegenhalten bzw. den mit uns gemeinsamen Tenor, wo er vorhanden ist, aufgreifen und zum Untermauern unserer Sichtweise einbeziehen. Dabei sind wir uns im klaren, daß es anfechtbar und beinahe vermessen ist, so kluge und umfassend begründete Deutungen von Werthers Tod wie die Lukács oder Schöfflers mit den wenigen Einwänden, die im begrenzten Umfang unseres Buches nur möglich sind, zu erschüttern oder gar abzuweisen. Es erscheint uns jedoch legitim, Sichtweisen auf den Text und Interpretationsansätze kritisch zu hinterfragen, sei es auch noch so knapp, die aus einem sehr eingeengten oder einseitigen gesellschaftstheoretischen und philosophischen Begründungszusammenhang erwachsen sind. Das ist unserer Auffassung nach bei G. Lukács und H. Schöffler der Fall.

Lukács Verständnis teilen wir nicht, weil darin sowohl *Werther als Romanheld* und Goethe in seiner *persönlichen Standortsuche* ideologisch überfrachtet bzw. sogar falsch beleuchtet werden. Dies mögen zwei gewichtige Zitate Lukács belegen, die dem Leser Gelegenheit bieten, sich ein eigenes Bild zu machen:

„… Im Mittelpunkt des 'Werther' steht das große Problem des bürgerlich-revolutionären Humanismus, das Problem der freien und allseitigen Entfaltung der menschlichen Persönlichkeit (…)"

„Der ganze 'Werther' ist ein glühendes Bekenntnis zu jenem neuen Menschen, der im Laufe der Vorbereitung der bürgerlichen Revolution entsteht, zu jener Erweckung der allseitigen Tätigkeit des Menschen, die die Entwicklung der bürgerlichen Gesellschaft hervorbringt – und zugleich tragisch zum Untergang verurteilt …"[74)]

Auch Schöfflers Betonung des „säkularisierten Glaubens" als Hintergrund für Werthers Leben und Tod erscheint uns allzu eingeengt:

„Werther stirbt, weil Lotte ihm versagt bleibt …"
„Zum ersten Male wird Geschehen gezeichnet, das vernichtet und doch ohne Gegenspieler waltet – die erste Tragödie ohne Schuld, ohne Prinzip des Bösen …"[75)]

Selbst wenn man diese Aussagen als in sich schlüssig anerkennt, so sind sie doch nur in *diesem Punkte* überzeugend und wenig hilfreich, den 'Werther' in seiner zentralen Thematik zu verstehen. Es fehlt der Blick auf Werther als 'Künstler'. Schöffler macht die „blind waltende Kraft, die den Menschen durch sein Bestes schuldig werden läßt, um ihn dann der Pein zu überlassen", zum Mittelpunkt seiner Begründung für den Tod Werthers. Aber Werther stirbt eben *nicht* an seiner unglücklichen Liebe, sondern geht an seiner geistig-seelischen Aushöhlung zugrunde in dem von ihm selbst verschuldeten und erkannten Unvermögen, als Mensch und Künstler zu bestehen. Es sei noch einmal daran erinnert, daß für Goethe das *Tätigsein* ein zentrales Moment des Lebens war. Werther unternimmt kaum Anstrengungen, der Lebensalltäglichkeit pragmatisch-handelnd zu begegnen und dem sich selbst zugeschriebenen Anspruch als Künstler schöpferisch-produktiv zu genügen. Zudem verweigert er sich sozial-kommunikativ, dies alles bereits, noch ehe er Lotte begegnete.

Überdies spielt Werther selbst (mit seinem) Schicksal. Es ist nicht zu übersehen, daß Werther den Selbstmord theoretisierend als Spielball der Selbst- und Weltbewältigung benutzt, ehe er ihn tatsächlich ausübt. Seine Ansichten hierzu sind sehr wechselhaft und jeweils dominant bestimmt durch die Situation, in der er sich befindet. Dabei umspielen die unterschiedlichsten Argumentationen, Bilder und religiösen Gleichnisse die wiederkehrenden Gedanken an den Freitod. Wir verweisen auf seine Briefe vom 22. Mai, 12. August, 18. August 1771 und vom 30. November 1772. Hier, in diesem zuletzt genannten Brief, ist Werther dem Wahnsinn nahe, und alles Negative seiner dumpf brodelnden Gefühle und wirren Gedanken verdichtet sich im *Fluchtpunkt* seiner unerfüllten Liebe. Man tut also sicherlich gut daran, Ursache und Wirkung im Falle des Werther-Selbstmordes nicht vordergründig zu verkehren oder undefinierbare Umstände herbeizuzitieren, die seinen Tod als etwas Zeichenhaftes begründen. Seinen mangelnden Realitätsbezug haben wir deshalb in einer Skizze noch einmal anschaulich zu machen versucht (s. S. 92).

Allzu gewaltig und überzogen nimmt sich auch G. Storz' Deutung von der „Krisis des autonomen, bindungslosen, prometheischen Menschen" aus.[76)]

Solche Bilder geben Werther ein unzulässiges Gewicht.
Weder ist er autonom noch bindungslos und schon gar nicht prometheisch. Viel eher erkennen wir seine Unselbständigkeit, sein halbherziges Bemühen um soziale Anbindung und seine krankhafte Verletzbarkeit.

Entschieden zutreffender ist deshalb Storz' zugespitzte Aussage, daß Werther „der Dichter ohne Werk" ist, „der Dichter, der sein Leben zur Dichtung macht und also Sein und Bild verwechselt".[77)]

Darin konzentriert sich Werthers Gespaltenheit am augenscheinlichsten. Wohl ist *seine* Krise die *Krise* einer *ganzen Epoche*, die sich ihrer eigenen Situation und Rolle erst bewußt werden will. Auf der anderen Seite tritt offen zutage, daß Werther – über sein Leiden an den objektiven Verhältnissen hinaus – ein kranker Mensch ist, ein Dilettant am Leben und beinahe auch am Tod.
Goethe selbst überlebte; nicht ohne Fährnisse.

Es soll nicht in Abrede gestellt werden, daß er mit dem gewaltsamen Schnitt, den er durch seinen „Werther" an sich selbst vollzog, dem Roman-Helden etwas von der titanischen Kraft und Qualität des „Sturm und Drang" einverleibte. Werthers große, weltumfassende Gebärde, die zu haltlosen Griffen ins Leere entarten, mag dies wohl andeuten. Abschließend möchten wir dazu M. Brion das Wort überlassen, der mit gutem Gespür – vielleicht etwas blumig – zusammenfaßt, wie Goethe sein „alter ego" abstreifte und verbannte: „... Als er den 'Werther' schrieb, hat Goethe vielleicht alles, was noch an Titanischem in ihm war, getötet. Und es ist wahrscheinlich das letzte Kapitel seiner Jugend, von der er sich ohne ein Wort des Bedauerns, ohne einen sehnsüchtigen Blick entfernt, die Augen unerbittlich auf die Zukunft gerichtet."[78)]

Wir fügen an dieser Stelle die angekündigte Skizze hinzu, die Werthers und Lottes Verhältnis zur Realität in einigen Aspekten kontrastiert. Sie zeigt, wie groß der Abstand beider voneinander war, und warum Werther, unabhängig von den Schranken der Konvention, Lotte nicht erreichen konnte.

Werthers (fehlender) Realitätssinn

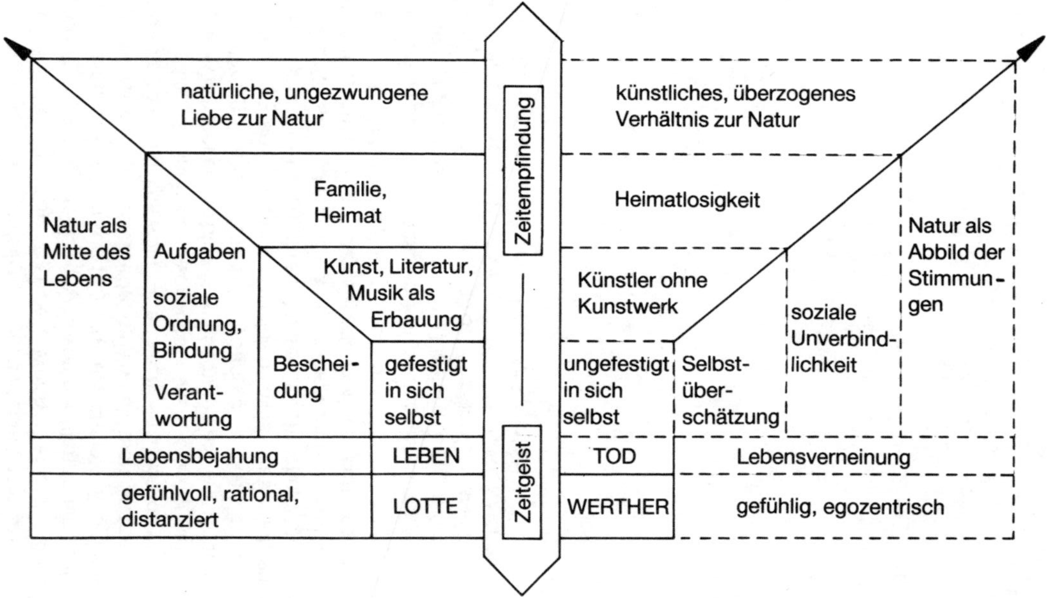

Anmerkungen

1) Vgl. E. Trunz, Nachwort, S. 135.

2) H.R. Vaget hat die Bedeutung und die Rolle des Dilettantismus im Werk Goethes eingehend dargestellt. Wir nehmen Vagets Werther-Untersuchung als Grundlage unserer Betrachtungen im Kapitel II (4). In: *P.M. Lützeler/J.E.M. McLoed (Hg.), Goethes Erzählwerk*, S. 37-72.

3) H. Ball, Hermann Hesse, S. 84.

4) H.-W. Jäger, Nachwort, S. 131.

5) Weitgehend auf Deutschland beschränkte 'Genie-Epoche' junger Schriftsteller um Goethe, Schiller und Schubart etwa von 1767-1785.

6) Lenz (1751-1792) ist neben Goethe der bekannteste Dichter des „Sturm und Drang", besonders bekannt durch seine Dramen „Der Hofmeister" und „Die Soldaten". – Im Jahre 1778 zeigten sich bei Lenz in erschreckender Weise Krankheitsphänomene. Vgl. C. Hohoff, Lenz, S. 116/117

7) Auf diesen Aspekt sind wir näher im Teilkapitel II (4) eingegangen.

8) Wird gemeinhin definiert als eine „Form des Romans, in der, als Abwandlung der Ich-Erzählung (...), eine oder mehrere Briefe schreibende Personen die Rolle des Erzählers übernehmen". – O.F. Best, Handbuch, S. 46.

9) S. Blessin, Grundlagen, S. 27.

10) „Der offenbar älteste Beleg des Wortes 'empfindsam' ist ein Brief-Seufzer aus dem sozialen Gewissen des philantropisch diskutierenden Jahrhunderts, der sich der Gottschedin am 4. September 1757 über die „geheimen Beschwerlichkeiten dieses Lebens" entrang. Aber erst 1771 wurden ihre Briefe herausgegeben, während Lessings vermeintliche Neuprägung anläßlich von J. J. Bodes Verlegenheit bei der Übersetzung von Sternes „Sentimantal Journey" (1768) die literarische Öffentlichkeit eroberte und mit Lessings Namen die Geltung als Begriff verbunden wird." – D. Krywalski, Handlexikon, S. 106ff.

11) E. Trunz, S. 168.

12) In der Form des Briefes ist es Goethe gelungen, „die widerstreitenden Empfindungen und Gedanken jäh wechseln zu

lassen und sie doch in einem Ich wie in einem Brennpunkt zu versammeln ..." – S. Blessin, S. 28.

13) Noch dem alten Goethe entschlüpfte das Wort „Brandraketen" in bezug auf seinen Jugendroman gegenüber dem Bewahrer so vieler Gedanken aus Gesprächen, Johann Peter Eckermann.

14) Vgl. hier besonders D. Welz, Sinnstruktur.

15) E. Trunz, S. 176.

16) Dem 'Spurensucher' empfehlen wir die leichte und anschauliche Schilderung „Werther wörtlich – Wetzlarer Wirklichkeiten" von D. Grieser, Schauplätze, S. 71-84.

17) Immerhin war Herder (1744-1803) bereits 1767 mit Schriften wie „Über die neuere deutsche Literatur" (1767), „Abhandlungen über die Ode" (1767) und „Kritische Wälder" (1769) in Erscheinung getreten.

18) Die Betrachtung des Volksliedes durch die Wissenschaft war zu jenem Zeitpunkt in Deutschland ein Novum und geradezu sensationell. Herders Bemühungen ist es zu danken, daß sich bis in unser Jahrhundert hinein Künstler (Musik!) und Wissenschaftler zur Beschäftigung und Entdeckung mit dem Volkslied angeregt sahen.

19) F.W. Kantzenbach, Herder, S. 53-56.

20) Friederike Brion (1752-1813) starb unverheiratet. Goethe hat sich dieser Beziehung herzlich und liebevoll erinnert. – Vgl. „Dichtung und Wahrheit", 10.-12. Buch; J.P. Eckermann, Gespräche, S. 722.

21) Goethe hat mit nur wenigen Veränderungen die Lebensgeschichte dieses Mannes aus dem Siegerland (1740-1817) zur Veröffentlichung gebracht: Teil I der Autobiographie 1777; vier weitere Teile folgten 1778, 1789, 1804 und 1817.

22) R. Friedenthal, Goethe, S. 85/86.

23) M. Pfeifer, Sturm und Drang, S. 29.

24) M. Pfeifer, S. 33.

25) Wir weisen an dieser Stelle auf die sehr ergiebigen Quellen und Materialien hin, die K. Rothmann herausgegeben hat (s. Literaturverzeichnis). Für den Schulgebrauch allerdigs sind sie wegen ihrer Dichte und Ausführlichkeit (– bezogen auf die Zielgruppe 10./11. Schuljahr –) kaum geeignet.

26) Brief vom 16. Juni 1774 zitiert nach E. Trunz, S. 135.

27) M. Brion, Goethe, S. 103.

28) Goethe Lesebuch, S. 3.

29) Goethe Lesebuch, S. 5.

30) A. Nobel geht darauf zurückhaltend und abwägend in seinem Buch ein (S. 138-141). Er schreibt u.a.: „...Wir wissen trotz der Fülle des Materials im Grunde wenig davon; längst nicht genug, um alle Zusammenhänge klarzustellen, alle Folgerungen ziehen zu können ...“ – A. Nobel, Ch. von Stein, S. 140.

31) A. Nobel, S. 112.

32) Goethe. Erste Schweizer Reise, S. 91.

33) A. Nobel, S. 42.

34) K. Rothmann, Dokumente, S. 112.

35) K. Rothmann, S. 112.

36) K. Rothmann, S. 113.

37) Goethe schätzte Schillers Jugenddrama aus seinem inzwischen gewonnenen Abstand zu den Aufbruchdichtungen der jungen Genie-Epoche gar nicht. Er schrieb: „... dieser (war mit verhaßt), weil ein kraftvolles, aber unreifes Talent gerade die ethischen und theatralischen Paradoxen, von denen ich mich zu reinigen gestrebt, recht im vollen hinreißenden Strome über das Vaterland ausgegossen hat. In: P. Goldammer, Literarisches Portraits, S. 115.

38) K. Rothmann, S. 114.

39) Herder war 1776 auf Vermittlung Goethes als Generalsuperintendent nach Weimar berufen worden. – Diese Geste Goethes und das Vertrauen in die Urteilskraft seines früheren Mentors sind beeindruckende Zeugnisse seiner Wertschätzung und Treue.

40) A. Nobel, S. 110

41) Wir folgen hier in gekürzter und veränderter Form den Erläuterungen K. Rothmanns zu den „Wertheriaden“, S. 139-159.

42) H.-W. Jäger, S. 120.

43) Unsere Übersicht belegt die dichte Aufeinanderfolge von Titeln in der Nachfolge des „Werther“ bis zum Ende des 18. Jahrhunderts in Deutschland, England, Frankreich und Italien. Vollständigkeit ist nicht angestrebt worden. –

Wir möchten den Leser besonders auf Th. Manns Roman „Lotte in Weimar" hinweisen, in dem er das Zusammentreffen Goethes und seiner Wetzlarer Liebe im Jahre 1816 am Weimarer Hof erzählt (s. Literatur).

44) F. Sieburg, der souveräne Frankreich-Kenner sowie geistvoller Essayist, Biograph und Romancier, geht darauf in seiner Biographie „Chateaubriand" ein, S. 79.

45) Dem Leser sei zu diesem Topos G. Fricke „Goethe und Werther" empfohlen (s. Literatur).

46) Dieses Zeugnis stammt vom Kammergerichtssekretär Chr. Kestner (1740-1800). In: K. Rothmann, S. 80.

47) E. Trunz, S. 135.

484) K. Rothmann, S. 86.

49) S. Blessin, S. 9 – Ein wichtiger Titel stammt von R. Engelsing: Der Bürger als Leser. Lesergeschichte in Deutschland 1500-1800. Stuttgart 1974 (ist nicht im Literaturverzeichnis aufgeführt).

50) S. Zweig, Geheimnis des künstlerischen Schaffens, S. 244.

51) H.R. Vaget, Werther, S. 44.

52) Dazu S. Blessin: „Die Probleme des Künstlers kehren unerledigt wieder. Denn auch als Künstler ist Werther nicht imstande, besondere Mittel und Fertigkeiten auszubilden, die ihm den lebendigen Eindruck der Natur festhalten helfen ...", S. 39.

53) Vgl. D. Goldschnigg. Rezeptions- und Wirkungsgeschichte Georg Büchners. Kronberg/Ts. 1975 (ist nicht im Literaturverzeichnis aufgeführt).

54) H.R. Vaget, S. 58.

55) H.R. Vaget, S. 63.

56) Eine große Zahl von Darstellungen über Goethes Verhältnis zur bildenden Kunst und Malerei entstand in den 50er Jahren unseres Jahrhunderts. Wir erwähnen hier besonders: *J. Nohl. Goethe als Maler Möller in Rom.* Weimar 1955 (ist nicht im Literaturverzeichnis aufgeführt).

57) R. Friedenthal schildert Goethes Übungen bei seinen Lehrmeistern Stock und Oeser in Leipzig anschaulich und nicht ohne Ironie, S. 53: „... Goethes gewaltige Schöpferkraft, noch aus ganz anderen Quellen gespeist, hat Oesers Lehren in unvergleichlich höhere Regionen erhoben. Vieles aber aus der

Schule des Meisters ist ihm zeitlebens verblieben, und was nur zierliches Vignettieren in seinem Werk ist oder eben angenehm-gefällig ohne weitere Anstrengung, das geht auf Oeser zurück ..."

58) Goethe. Italienische Reise, S. 26.
59) Goethe. Italienische Reise, S. 178-179.
60) H.R. Vaget, S. 67.
61) S. Blessin, S. 9.
62) Hier endlich sind auch die von vielen jungen Leuten nachgeahmte „Werther-Tracht" und die Selbstmorde jener Zeit zu nennen.
63) Friedrich Gottlieb Klopstock (1724-1803) zählte seit 1748 (nach Erscheinen der drei ersten Gesänge seines „Messias") zu den Literatur-Avantgardisten seiner Zeit. – Hier spielt Goethe auf Klopstocks Ode „Die Frühlingsfeier" (1759) an. –
64) H.R. Vaget, S. 52.
65) H.R. Vaget, S. 52.
66) H.R. Vaget, S. 55.
67) H.R. Vaget, S. 64.
68) Zwei der wichtigsten Untersuchungen zum Dämonischen bei Goethe sind in den USA erschienen: *P.F. Cardici. Demon, Daimon and Devil. A Study of the Demonic Element in Goethe, Dostoevsky, Gide and Mann. University of Maryland 1972* (Dissertation) und *R.A. Ives. Perspektiven des Dämonischen mit besonderer Berücksichtigung von Goethe und Stifter. Syracuse University 1975* (Dissertation). – (Beide Titel sind nicht in unserem Literaturverzeichnis aufgeführt).
69) Goethe. Dichtung und Wahrheit, 4. Teil – 20. Buch.
70) Eckermann, S. 492
71) Eckermann, S. 331
72) Eckermann, S. 375
73) Eckermann, S. 377
74) K. Rothmann, S. 165.
75) K. Rothmann, S. 167-168.
76) K. Rothmann, S. 163.
77) K. Rothmann, S. 163.
78) M. Brion, S. 146.

III. „Die alten und die neuen Leiden" – Aspekte des Vergleichs –

Übereinstimmungen gibt es viele. Dem aufmerksamen Leser beider Romane werden sie nicht entgangen sein, und so möchten wir die auffälligsten beiläufig erwähnen, um von ihnen gewichtigere und tieferliegende Gesichtspunkte abzuheben.

Da sind die Ähnlichkeiten der Titel, Figurenkonstellation und -symmetrie (Edgar – Werther / Charlie – Lotte / Dieter – Albert) und die Dreiecksbeziehung, Gesellschaftsflucht mit dem Tod der beiden Hauptfiguren, da sind Blue-Jeans und Werther-Tracht, der recherchierende Vater und Herausgeberbericht, die Tonbänder und die Briefe und, und, und ...

Das besagt viel, aber längst nicht alles. Es wäre recht vordergründig, in den angeführten Parallelen die wesentlichen Entsprechungen zu sehen; es wäre andererseits allerdings auch kaum zu begründen, wollte man in ihnen nur ein Oberflächenmuster erkennen. Es muß davon ausgegagen werden, daß Plenzdorf keine ehrgeizige Kopie schaffen wollte (– was hätte sie auch für einen Sinn –), sich der klassischen Vorlage aber auch nicht nur ganz nebenbei bedient hat. Das Dilemma, in dem sich der Leser und Interpret befinden, ist an anderer Stelle unserer Reflexionen und Analysen bereits deutlich angesprochen worden (s. S. 7ff.). Wir möchten deshalb zu diesem Punkt festhalten, daß wir manche der von berufener Kritik vorgetragenen Einschätzungen uneingeschränkt nicht teilen. Weder entspräche es unserer Ansicht nach der intellektuellen und schöpferischen Potenz Ulrich Plenzdorfs noch seiner Redlichkeit, wenn man ihm unterstellt, seinen Text mit Hilfe des „Werther" aufgewertet haben zu wollen[1)], selbst wenn in demselben Atemzug attestiert wird, daß Goethe dadurch nicht „abgewertet" werde undd Werther gar zum „Bundesgenossen" Edgars avanciere[2)]. Es will uns auch nicht einleuchten, warum und daß Edgars Geschichte ohne Goethes „Werther" (...) „sicher viel schneller wieder vergessen worden wäre“[3]. – Wir meinen, daß die Geschichte Edgars in der Atemlosigkeit, mit der die konfliktgeladene Szenerie aufgebaut worden ist, und wegen ihrer unprätentiösen (d.h. nicht: anspruchslosen) Kargheit sehr eindringlich wirkt und auch dann beim Leser ankäme, wenn sie nicht mit dem Goethe-Text (vermeintlich) aufgemotzt worden wäre bzw. daß der Rückgriff auf Goethes Text nichts wesentlich mit der Aussagekraft des Plenzdorf-Romans zu tun hat.

Auch M. Reich-Ranicki tut dem Autor wohl Unrecht, wenn er die Verwendung der klassischen Vorlage nur als (reißerischen) „Aufhänger“ bezeichnet, wobei alle Entsprechungen etwas „Kabarettistisches, etwas Opernhaftes“ hätten[4]. Die bekannte scharfe Zunge Ranickis findet aber auch zu einem gemäßigten Ton (zurück), der die herbe Schelte im rechten Augenblick wieder relativiert[5]. Damit, so glauben wir, stellt er die Balance zwischen der am nebensächlichen Detail forciert-überzogenen Disqualifikation Plenzdorfs und dem richtigen, auch wichtigen Teil seiner Kritik wieder her.

Am ehesten können wir uns den Erhellungen P. Wapnewskis in diesem Punkt anschließen – wenn auch mit einigen Vorbehalten, der von einer „spürbaren Entsprechung der alten und der neuen Leiden“ spricht, die „wieder die Leiden den Einzelnen an seiner Umwelt, an seiner Gesellschaft, an seiner Zeit sind“, und der mit demselben Zitat von uns in einem anderen Reflexionszusammenhang angeführt worden ist.

Leid als leitendes Stichwort und integratives Moment eines Vergleichs: das scheint uns im Rückblick auf die beiden Romane auch aus der eigenen Darstellung unverkrampft und hinreichend legitimiert. Zwar gibt es, ganz wie man es nehmen möchte, auf dem schmalen oder breiten Grat der Übereinstimmungen weitere interessante Vergleichsaspekte[6], aber wir möchten das Interesse des Lesers vornehmlich am genannten Gesichtspunkt des „Leidens“ der beiden Helden an sich selbst und an der Welt festmachen. Darüber hinaus erscheint uns das Problem des Dilettantismus Werthers-Wibeaus als ein lohnender und relevanter Vergleichsaspekt. Auf beide können wir hier mit nur wenigen Sätzen eingehen.

Zugleich sind an diesen beiden Betrachtungspunkten die in den Romanen dargestellten Grundspannungen zwischen „Subjektwelt“ und „Objektwelt“ noch einmal auf den Gehalt ihrer Übereinstimmungen (und bestehenden Unterschiede) zu bringen. Daß dabei die Autoren mit teilweise sehr ähnlichen Spannungen zu sich selbst und ihrer Umwelt in das Blickfeld geraten, wirft eigentlich nur einmal mehr ein Schlaglicht auf den untilgbaren Konflikt des schöpferischen Menschen mit sich selbst und der Welt[7)].

Wibeau und Werther sind Leidende an der Zeit und Gesellschaft. Was sie einander so ähnlich macht, ist ihre freigewählte und durch die Umwelt miterzeugte *Isolation*. Was sie jedoch deutlich voneinander unterscheidet, ist ihr psychischer Gesamtzustand: Edgar Wibeau ist bei aller Sensibilität gesund – Werther hingegen krank; anders ausgedrückt: Edgar Wibeau sucht seine Selbstfindungsprobleme *tätig* zu lösen, bewußtseinsklar und rational. Werther will sie gar nicht lösen, sondern erwartet, daß die Gesellschaft sich ändere und ihn verstehe, ohne daß *er* sich ändern müßte[8)]. Für beide bedeutet das gesellschaftliche Umfeld einen nicht zu bewältigenden Konfliktpunkt. Edgar fühlt sich durch Normen, Festlegungen und Erwartungen eingeengt, zu denen er seinen individuellen Abstand gewinnen möchte. Der Leistungsaspekt ist ihm dabei ebenso verhaßt wie der Gewohnheitsaspekt. – Werther, im ganzen unklarer und empfindlicher, stößt sich an der ‘Oberflächlichkeit‘ der meisten Menschen, die seine Gefühle und Empfindungen nicht verstehen. Wo man sie versteht und bedingt akzeptiert, verhindern Konventionen ihr Ausleben. Das untätige Kreisen um das ‘leidende Ich‘ verhindert bei Werther Klärung, Klarheit und Distanz. Seine Gemütskrankheit – sie ist für uns ein nicht fortzudiskutierender Tatbestand[9)] – macht ihn im Gegensatz zu Edgar Wibeau auch noch zu einem Dilettanten in der Kunst (Edgar Wibeau hat zu seiner Malerei ja einen gesunden ironischen Abstand), damit noch anfälliger und verzweifelter.

Aber Edgar Wibeau ist nicht frei von dilettantischen Zügen im Leben; auch er versagt im entscheidenden Augenblicken aus Gründen mangelnder Professionalität. Als technich begabter und qualifizierter Lehrling hat er im Ausbildunsbetrieb überzeugen können; dann aber scheitert er am 'großen Wurf'. Er scheiter nicht an seinem Grundwissen. Darin ist er vielen überlegen. Wohl aber scheitert er an seiner Ungeduld und an fehlender Erfahrung im beherrschten Umgang mit Idee und Material. Edgar geht schlicht dilettantisch vor. Selbst wenn hier gewisse Unterschiede bestehen, so ist das Gemeinsame wiederum in ihrer Schwäche zu sehen, sich den Forderungen des Alltags zu stellen oder gar in *offensive* Gegenerschaft zu ihnen zu treten:

Edgar flieht, wenn er gefordert wird, d.h. sich überfordert sieht. Nicht anders Werther, der planlos seine Umgebung wechselt, in panischer Flucht gar zuletzt.

In beiden finden sich ausgeprägte Neigungen, im privaten Rückzug aus den Angepaßtheiten das empfindsame und leidende Ich nach Außen zu tragen – sich mitzuteilen. Die Schlichtheit und Kargheit der persönlichen Lebensumstände sind dabei ebenso kennzeichnend wie die Wahl ihrer Kleidung mit der Tendenz zum bewußt Andersartigen (jeans-look hier, Werther-Tracht dort).

Mit einem Zitat Weimanns möchten wir den charakteristischen Unterschied der beiden Romane und der Situation ihrer Helden, im Vergleich der Darstellung durch ihre Autoren, zusammenfassen: „... Die Problematik des möglichen Verzichts auf höchste Ausbildung einiger seiner Fähigkeiten (erfaßt in der ambivalenten Pose des 'verkannten Genies') wird nicht aus dem utopischen Lebensanspruch des Werther, sondern im Spiegel der realen Möglichkeiten und Grenzen des Individuums in der sozialistischen Gesellschaft gestaltet. Im Angesicht seiner eigenen Widersprüche folgt Wibeau nicht der Humanitätsutopie der Klassik und ihrer Auflösung des Widerspruchs zwischen strebendem Individuum und hemmender Gesellschaft: Sein Selbsthelfertum bildet keine Lösung und zeigt keinen Ausweg, sondern bleibt ein problematisches Los, das selbst nach einem Ausweg verlangt und selbst zum Ausgangspunkt einer Lösung wird (die dann freilich nicht mehr utopische Züge trägt)[10)]

Plenzdorf hat offensichtlich seinen Goethe gut gelesen, aber ihn keineswegs in einem verdünnten, 'modernen Aufguß' kopiert. Wir dürfen beide Romane als sehr persönliche Mitteilungen ihrer Autoren verstehen, wobei Plenzdorfs Wibeau weit *weniger* seinen Autor *direkt* dokumentiert, als Goethes Werther dies tut. In der persönlichen Aussage ist Goethes Roman kompromißloser und radikaler.

Goethe wurde als der um sein *künstlerisches Selbstverständnis Ringende* interpretiert. Auch *Plenzdorf* muß wohl in seinem Roman aus dem Jahre 1972/73 als ein Autor gesehen werden, der einem Scheitern an sich selbst bedrohlich nahe gewesen sein mag. Aber nicht so sehr die eigene Künstlerschaft wurde zum Problem, sondern die Suche nach einem Ausweg aus den gesellschafts- und kulturpolitischen Einengungen seines Vaterlandes. Plenzdorfs Roman spricht eine deutliche Sprache. Doch sie ist noch weit entfernt von der trotzig-herausfordernden Schärfe eines Uwe Kolbe, dessen Anwürfe an den Staat und die Nation demgegenüber von einer geradezu atemberaubenden Direktheit sind[11)].

Plenzdorfs und Goethes Romane „Die (neuen) Leiden den jungen (W.) Werthers" stehen – jeder zu seiner Zeit und auf seine Weise – am Anfang einer neuen Literaturepoche im jeweiligen Kultur- und Sprachraum. Niemand wird aber deswegen ernsthaft auf den Gedanken kommen wollen, Plenzdorfs literarisch-künstlerische Bedeutung der Goethes auch nur entfernt gleichzusetzen. Mehr als nur Adaption und geschickte Variation der klassischen Vorlage, fordert Plenzdorfs Roman jedesmal neu zur Überprüfung zurückliegender und gegenwärtiger Lebens- bzw. Gesellschaftssituation heraus, in denen sich Menschen befinden und nicht zurechtfinden (können). Literatur und Menschsein, unter den wechselnden Bedingungen von Geschichte und Gesellschaft, sind etwas sich Veränderndes und stets Veränderbares. Das zeigt Plenzdorfs Roman in der Verarbeitung einer 'alten' Vorlage auf sehr eindrucksvolle Art und Weise.

Anmerkungen

1) Vgl. P. Biele. Nochmals – „Die neuen Leiden ...“, S. 208.
2) P. Biele. Nochmals, S. 207.
3) P. Biele. Nochmals, S. 208.
4) M. Reich-Ranicki. Der Fänger im DDR-Roggen, S. 264.
5) So schreibt der gefürchtete Kritiker im Schlußteil seines Kommentars: „... Plenzdorfs geschickt präpariertes Opus gehört zu jenen Büchern (...), deren künstlerische und intellektuelle Bedeutung geringfügig oder fragwürdig ist und die dennoch wichtige literarische Dokumente ihrer Zeit sind, weil sie zum erstenmal etwas artikulieren oder doch erkennen lassen, was vorher überhaupt nicht oder nicht so deutlich sichtbar war.“ – M. Reich-Ranicki. Der Fänger, S. 269.
6) Dazu zählt entschieden auch der sprachliche Vergleich, auf den in anderen Unterrichtsmodellen eingegangen wird (vgl. Kapitel IV).
7) Der Künstler, der sich einbringt, setzt sich aus. Für ihn sind Konflikte aufgrund seiner doppelten Hingabe unausweichlich programmiert.
8) Als klares Beispiel dieser Grundeinstellung kann Werthers Aussage im *Brief vom 12. August 1771* herangezogen werden: „Aber auch im gemeinen Leben ist's unerträglich, fast einem jeden bei halbweg einer freien, edlen, unerwarteten Tat nachrufen zu hören: der Mensch ist trunken, der ist närrisch! Schämt euch, ihr Nüchternen! Schämt euch, ihr Weisen!“ – Goethe. Leiden, S. 53.
9) Wir haben diese Ansicht wiederholt mit Beispielen und Kommentaren zu verdeutlichen versucht, wohl wissend, daß dies kein Lieblingsthema der germanistischen Forschung zu diesem Roman ist.
10) Vgl. R. Weimann. Goethe in der Figurenperspektive, S. 167.
11) Jedem, der wenig über die kleinen Details im Leben der DDR-Bürger weiß, empfehlen wir das Buch von *Werner Filmer / Heribert Schwan (Hg.). Alltag im anderen Deutschland. Düsseldorf-Wien 1985*. In vielen Kapiteln dieses Buches findet der Leser die 'Edgars' wieder, sei es in den Betrieben, Cafés, Schulen, Familien oder Schrebergärten. Überall gibt es solche

jungen Leute in der DDR, die kein Blatt vor den Mund nehmen. – Wer die DDR nicht bereisen kann oder will, kann aus der Lektüre dieser Erfahrungen und Momentaufnahmen verschiedener Autoren, die in Filmers/Schwans Buch aufgenommen sind, wertvolle Hilfen für ein besseres Verständnis der in Plenzdorfs Roman abgebildeten Wirklichkeit gewinnen. –
Uwe Kolbe (1957 geb.) zählt zur jungen Schriftsteller-Generation der DDR, die vehement-kritisch mit ihrem Staat ins Gericht gehen und Sätze schreiben wie: „Eure Maße sind elend – Euren Forderungen genügen Schleimer." – In: Filmer/Schwan, S. 224.

IV. „W." und „W." im Unterricht

Zur Aktualität des Plenzdorf-Romans und seiner Relevanz im gegenwärtigen Literaturunterricht braucht nichts weiter gesagt zu werden (vgl. Vorbemerkung). Schwieriger wird es da schon mit Goethes Jugendroman, was *seinen* didaktischen Ort in der Sekundarstufe I angeht. Er ist hier keineswegs so einfach und selbstverständlich zu bestimmen. Wir wollen in einem knappen Begründungszusammenhang versuchen, den „Werther" auch für ein 10. Schuljahr zu legitimieren. Dabei kann ein knapper orientierender (Rück-)Blick auf die Wandlungen des Goethe-Bildes zwischen 1832 und 1986 mit den daraus für die jeweilige Praxis des Literaturunterrichts abgeleiteten Konsequenzen hilfreich sein.[1)]

Ohne die Vielheit der Varianten zu beachten, darf global gesagt werden, daß es im wesentlichen *zwei* Goethe-Bilder waren (und sind), die sich – stets in einigem Abstand zu den Ergebnissen der germanistischen Forschung – in den Lehrplänen und im realisierten Unterricht niedergeschlagen haben:

- Das Bild des unangefochtenen Olympiers;
- das Bild des angefochtenen, verwundbaren Menschen und Künstlers.

Immer waren es zunächst Dichter und Biographen, die das Goethe-Bild für die Öffentlichkeit (somit auch nachfolgend für die Schule) vorgeprägt haben. Viele Zeugnisse persönlichster Auseinandersetzung mit dem großen deutschen Dichter stehen in unterschiedlichster Aussage nebeneinander, mehr oder weniger akzentsetzend.[2)] Das Thema Goethe erscheint bei weitem noch nicht abgeschlossen.[3)]

Es ist naheliegend, daß die wechselnden Blickrichtungen auf Goethe und sein gewaltiges (literarisch dokumentiertes) Lebenswerk, das er als Künstler, Staatsmann, Wissenschaftler und Privatmensch hinterlassen hat, besonders gut in der Geschichte des Deutschunterrichts (d.h. in den konkreten Inhalten des Literatur- und Aufsatzunterrichts) abzulesen sind, betont doch die Schule als Hüterin der Tradition nunmehr seit

150 Jahren den Dichter als einen der wenigen unverrückbaren Fixpunkte im Fach Detusch/Literatur, selbst wenn sich die ausgewählten Werke und die methodisch-organisatorischen Zugriffe auch in der jüngsten Vergangenheit hin und wieder unterschieden.

Der erste und entscheidende Bruch mit einer beinahe achtzigjährigen Rezeptions- und schulischen Vermittlungstradition, in der Schüler der „klassische" Goethe und alle von ihm gepflegten Aufsatzformen vorgesetzt und selbstverständlich abverlangt wurden[4)], erfolgte zwischen 1910 und 1920. Bis zum Beginn dieses Zeitabschnitts hatten die nachitalienischen Werke, insbesondere die Gedichte unter ihnen, in dem für die Schule ausgewählten Textkanon zu Goethe den ersten Platz eingenommen. Ab 1910 geriet der „Mensch" Goethe mehr und mehr in den Horizont der Forschung mit all seinen Schwächen und Anfechtbarkeiten; dementsprechend änderte sich auch die Textauswahl. Besonders die „deutschkundliche Bewegung"[5)] stellte zwei neue Gesichtspunkte in den Vordergrund der Auseinandersetzung mit Goethe: Man wandte sich mehr seinem Künstler-Leben zu (in ganzheitlicher Betrachtungsweise) und löste den Dichter aus dem „Begriff einer antik orientierten Klassik"[6)]. Die Jugendwerke des „Stürmers und Drängers" wurden mehr beachtet. Damit gewann der „Werther" in der schul- und unterrichtsbezogenen Werkauswahl einen bedeutenderen Stellenwert.

Daß im nationalsozialistischen Deutschland besonders jene Werke Goethes vermittelt wurden, in denen das „Völkische" eindringlich hervortritt, soll hier nur der chronologischen Folgerichtigkeit halber miterwähnt werden.

Nach dem Kriege entdeckte die Didaktik wieder den 'ganzen' Dichter und sein Lebenswerk. Das Abgründige wurde den Schülern nahegebracht nach dem Schrecken eines verlorenen Krieges, ein Goethe also, der „den Abgrund der Zeit und Welt kannte"[7)].

Auch das Theater nahm sich zuerst des ernsten Goethe an. „Stella", „Tasso" und „Faust" erschienen als erste seiner Schauspiele auf den Spielplänen der wiedererwachenden deutschen Bühnen.[8)]

Der sich bereits gegen Ende der fünfziger Jahre abzeichnenden „Linksschwenk" in unserer Gesellschaft (und Politik) machte Goethe zu nur 'einem von vielen'. Er wurde unnachsichtig aus seinen olympischen Höhen geholt, in denen er vorher schon gar nicht mehr gesehen worden war, und es traten neue literarische 'Götter' mit ihren Werken in den Mitelpunkt des Fachinteresses.

Inzwischen hat sich unser Verhältnis zu Goethe wieder normalisiert. Er hat selbstredend den ihm gebührenden Rang im Literaturunterricht der S II wieder eingenommen. Aber es ist in der Tat eine Schwierigkeit ganz eigener Art, ihn im Literaturunterricht der Sekundarstufe I, abgesehen von einzelnen Gedichten und Balladen, mit einem umfangreicheren und damit zugleich anspruchsvolleren Werk an unsere Schjüler heranzutragen. Es bedarf hier eines wohlbedachten Einstiegs und einer dem Schüler einsichtigen Vorgehensweise ohne allzu abstrakte Zielvorgaben.[9)]

Wir betonten, daß der von Leppla/Fischer vorgestellte Ansatz („Jugendliteratur") auch von uns geteilt wird. Er ist geeignet, die Verbindung von der „modernen Reproduktion" zu dem klassischen Orginal, zumal in einem 10. Schuljahr, herzuleiten. Allerdings hegen wir Zweifel, was die Allgemeingültigkeit des komplexen Zugangs der beiden Autoren auf die Texte in durchschnittlichen 10. Schuljahren der gängigen Schulformen betrifft.[10)]

Den „Werther" aber auf eben dieser Folie anzugehen, muß im Vorfeld 'Planung' nicht zu didaktischen Verrenkungen führen. Es sollte nur jedem bewußt sein, daß bereits der Umgang mit *einem* der beiden Texte zu Problemen führt, wenn bei den Jugendlichen *Eigenständigkeit* und *Planmäßigkeit* der Arbeit nicht hinreichend entwickelt worden sind.[11)] Zur Komplexität der Inhalte kämen in diesem Falle noch zusätzliche organisatorische Schwierigkeiten, die zusammen genommen den Unterricht zur unerquicklichen 'Holzerei' geraten ließe mit Enttäuschungen auf beiden Seiten. – Nun ist aber auch die Tatsache zu sehen, daß es den meisten Lehrern in 10. Schuljahren normalerweise mühelos gelingt (Übergänge!), das Interesse ihrer Schüler – auch in der Hauptschule (Typ 10B) – auf durchaus umfängliche und schwierige Inhalte (einschließlich Verfahren) zu lenken. Aufgrund dieser Erfahrungen gehen wir in optimistischer, d.h. keineswegs unrealistischer Einschätzung davon aus, daß die Schüler fähig und bereit sind, beide Texte mit *angemessener Hilfe* unter einer von ihnen nachvollziehbaren Frage- und Problemstellung zu erarbeiten. Als Schlüssel- und Reizproblem formulieren wir eine Doppelfrage:

- „Worum geht es den beiden Romanhelden?"
- „Unter welchen persönlichen und zeitbedingten Bedrängnissen gelingt es ihnen / gelingt es ihnen nicht, ihren eigenen Weg zu gehen?"

Uns will scheinen, daß jeder Arbeitsauftrag, der nicht aus dem Text hinausführt, eine motivationshemmende pädagogisch-didaktische Verengung darstellt, mithin als solche den jugendlichen Leser in seinem Frage- und Verständnishorizont nicht erfassen kann.[12)]

Aus diesen Erkenntnissen leiten wir eine Folge von ca. 12 Unterrichtsstunden ab, die sich von den Vorschlägen Lepplas/Fischers und von denen E. Neis'[13)] im Adressatenbezug und in den gesetzten Schwerpunkten deutlich unterscheiden. Diese sind dem Ablaufschema („Realisierungsvorschlag"), das wir nur in einigen Details didaktisch-methodisch kommentieren wollen, zu entnehmen. Die Leitzielsetzung der Stundenreihe bestimmen wir global in Anlehnung an E. Neis:[14)]

„Die Schüler erkennen in beiden Romanen die seelischen Nöte der jugendlichen Helden, deren „Krankheit zum Tode" aus allgemeiner (zeitbedingter) Unzufriedenheit, Nichtigkeitserfahrung, Weltschmerz, unglücklicher Liebe und Melancholie erwächst."

	„Realisierungsvorschlag“
A	0 Häusliche Lektüre mit gezieltem Leseauftrag: – Achtet beim Lesen auf Anhaltspunkte, die etwas über die Zeit und Lebensumstände des Romanhelden zu erkennen geben. Gruppe 1 — Gruppe 2 Plenzdorf — Goethe „Die (neuen) Leiden des jungen W(erthers)“
B	2 Gegenseitige Information über das Gelesene: – Kurzreferate, Textauszüge – Zitate, Schaubilder – Grafiken, Charakteristiken, Fragen, Thesen zum Inhalt und zur jeweiligen Personenkonstellation – 2 Ermitteln und Zusammenstellen von Einzelheiten (Text!) Edgar — ZEIT — Werther
C	2 Ergänzen und spezifische Lokalisation der gesellschaftlichen und kulturellen Zusammenhänge, die das Leben der beiden Romanhelden determinieren. Sekundärliteratur / Quellenauszüge: – Peter J. Brenner. Plenzdorfs „Neue Leiden des jungen W.“, S. 31-41. – Eva M. Kubisch. Literaturgeschichte kurzgefaßt, S. 12-13. – Jürgen Hein. Dorfgeschichte, S. 8-19; 50-56. – Eventuell Exkurs: „Europa zwischen 1740 und 1789 (Geschichtsbücher). – Rolf Engelsing. Die neuen Leser (Lesebedürfnis im 18. Jahrhundert). In: H. Popp. Die Rolle des Lesers, S. 26-28.

<table>
<tr><td>C</td><td>4 Analyse und Interpretation der Quellen – und Ergänzungstexte – Rückbezug zu den Romanen:

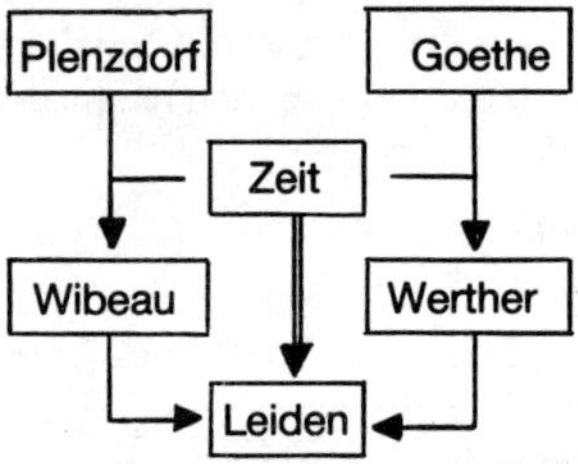

</td></tr>
<tr><td>D</td><td>2 Interpretationsschwerpunkt mit schriftlicher Fixierung:
– Leiden an der Zeit und Welt: Wibeau und Werther –
(P. Wapnewski. Zweihundert Jahre Werthers Leiden oder: Dem war nicht zu helfen. In: P. J. Brenner, S. 338-341)</td></tr>
</table>

Dichte und Umang dieser Stundenreihe sind nur in arbeitsteiligem Verfahren und mit lenkenden Eingriffen des Unterrichtenden zu bewältigen. Dennoch setzen wir (auch in den Hauptschulklassen vom Typ 10B) ein hohes Maß an Eigenständigkeit beim Schüler voraus, dies zumindest in der vorbereitenden Begegnung mit den zugrundegelegten Materialien. Ein Organisationsschema stellen wir an das Ende unserer nunmehr erfolgenden Kurzkommentare zu den einzelnen Schwerpunkten.

Zu A) Für die vorbereitende Lektüre (wahlweise oder durch Setzung) nehmen wir einen Zeitraum von ungefähr einer Woche an. Der größere Teil der Klasse wird sich für den Plenzdorf-Text entscheiden; in jeder Klasse wird sich aber ohne Mühe eine kleine Zahl von „Freiwilligen“ finden lassen, die es auf sich nehmen, den Goethe-Text zu lesen.

Unumgänglich ist ein vorbereitender Hinweis an die Schüler auf Möglichkeiten und Erfordernissen der Textverarbeitung zum Zwecke der nachfolgenden Information (vgl. Schwerpunkt B).

Zu B) Es empfiehlt sich, Kernaussagen zu den beiden Hauptfiguren auf großformatigen Blättern festzuhalten (auch OHP-Folien), um jedem Schüler dadurch Gelegenheit zu geben, auch das *Nichtgelesene* nachzuvollziehen.

In einer gegliederten Übersicht können alle Details an der Tafel fixiert werden, die im Lebensumfeld Edgars und Werthers eine bedeutsamne Rolle spielen.

Zu C) Die Schüler erhalten während des Unterrichts Gelegenheit, sich angemessen lang mit den angegebenen Quellen zu befassen. Für die Analyse, Interpretation und Einordnung der Romane (immanent: Autorenintention) ist ein sorgfältiges Eingehen auf diese begleitenden Texte sehr wichtig, insbesondere in diesem Zusammenhang auf die historischen Umstände (Exkurs). Er schafft die Einbettungsvoraussetzungen zum Verständnis der übrigen Teilaspekte. Wir raten dazu, diese wenig zeitraubende Übersicht erarbeiten zu lassen unabhängig von der Mitarbeit und dem (bewiesenen) Können im bisherigen Verlauf des Unterrichts.

Zu D) Fraglos wären die meisten Schüler überfordert, sollten sie eigenständig einen zusammenfassenden Text zur angesprochenen Thematik (Teilproblematik!) formulieren. –

Wapnewskis Interpretation dient der gemeinsamen Rückversicherung und ist Anhaltspunkt, die zu den Romanen bzw. Romanhelden gewonnenen Teileinsichten (vgl. Leitzielsetzung) aufeinander beziehen zu können.

Wir sind uns bewußt, mit dieser Stundenreihe nur einen Ausschnitt dessen, was in den Kapiteln I und II angesprochen worden ist, aufgegriffen zu haben. Der berühmte „Mut zur Lücke“, dessen es im Unterricht sehr oft bedarf, sollte niemanden veranlassen, unsere bewußt fragmentarisch angelegten Vorschläge allzu eilfertig und damit fahrlässig anzuwenden.

Der gesetzte Anspruch (Klassen 10) ist beträchtlich. Nur mit einer gediegenen Vorbereitung wird der Unterrichtende im Sinne der Kernzielsetzung („poetische und kritische Kompetenz" – vgl. Vorbemerkung) aus unserem didaktisch-methodischen Konstrukt mögliche Elemente für einen eigenen, qualitätvollen Unterricht gewinnen können.

Anmerkungen

1) Wir stützen uns dabei auf einzelne Kapitel aus W. Leppmanns informativem, geistreichem und stellenweise amüsantem Buch *„Goethe und die Deutschen"* – vgl. Literaturverzeichnis.
2) Zu erwähnen sind hier insbesondere die bedeutenden Goethe-Forscher und Biographen Bielschowsky, Düntzer, Gundolf, Redslob, Lukács und Staiger.
3) Unter den vielen Veröffentlichungen zu und um Goethes Privatleben mit teils entlegenen Namen und Sachverhalten ist Balzers Buch „Goethe als Gartenfreund" (vgl. Literaturverzeichnis) als positive Ausnahme zu erwähnen und zur genüßlichen Lektüre zu empfehlen.
4) W. Leppmann hat in diesem Zusammenhang die Annalen und Deutsch-Lehrpläne des renommierten Berliner Gymnasiums „Zum Grauen Kloster" (!) zwischen Goethes Todesjahr und dem Jahr 1912 ausgewertet, das als repräsentatives Beispiel für die 'Höheren Schulen' eingestuft werden darf. –
Vgl. W. Leppmann, S. 175.
5) Die „Deutsche Bewegung" setzte etwa um 1900 ein und zielte auf die Pflege sprachlich vermittelter Tradition in der Schule (deutsche Kunst und Kultur).
6) vgl. W. Leppmann, S. 189.
7) vgl. W. Leppmann, S. 198.
8) vgl. Hans Daiber. Deutsches Theater seit 1945.
9) E. Neis unterscheidet vier wesentliche didaktisch-methodische Zugänge: Ausgang von

Organisationsschema

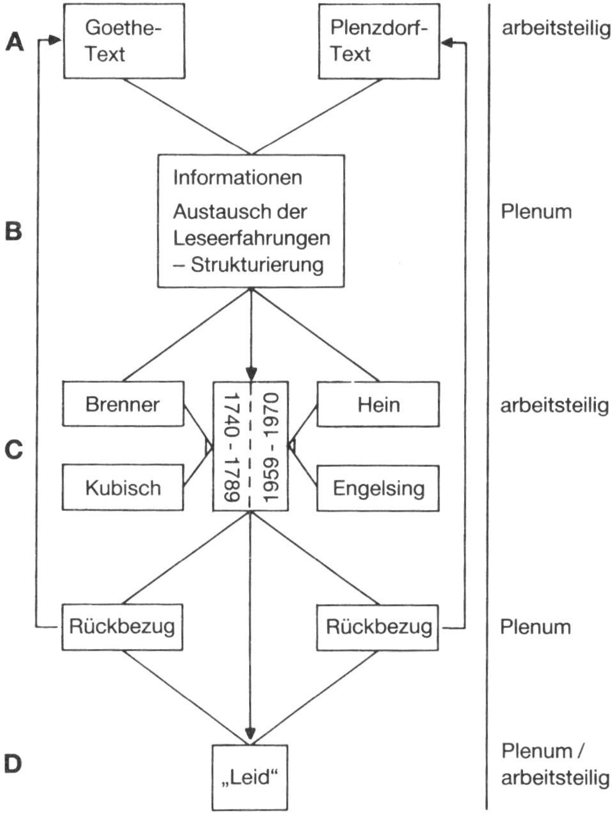

– akuten zeitgemäßen Problemen, welche die Jugend von heute bewegen
– neueren Darstellungen und modernen „Reproduktionen" klassischer Stoffe,
– modernen Bühnenaufführungen klassischer Dramen, die einer Aktualisierung dienen wollen,
– kontroversen Äußerungen über klassiche Werke, die zur persönlichen Stellungnahme herausfordern. – E. Neis. Klassiker wieder aktuell? S. 13.

10) Lepplas und Fischers Vorschläge basieren auf Erfahrungen aus dem Unterricht mit 10. Schuljahren an Realschulen.

11) Vielfach wird gerade in Hauptschulen auf *Simplifizierung* als falsch verstandene Elementarisierung ausgewichen. Es ist demgegenüber gesicherte Erkenntnis und Erfahrung aus eigenem Unterricht, Ausbildung und Fortbildung, daß manche Hauptschulklasse hinter ihren Möglichkeiten zurückbleibt, weil der *Unterrichtende* sie nicht erkennt bzw. ausschöpfen kann. – Damit sind in keinem Falle die berechtigten Einwände vom Tisch, daß von Jahr zu Jahr ein 'Niveauverlust' festzustellen ist. – Grenzen, aber auch Möglichkeiten unserer Hauptschulen sind in zahlreichen Dokumentationen und Zukunftsentwürfen dargestellt worden (vgl. Literaturverzeichnis). – Die *Problemlage* aus der Situation Hamburger Schulen (mit alternativen Ausblicken) ist treffend ausgewiesen von *P. Struck. Die Hauptschule* (vgl. Literaturverzeichnis), wenngleich einzelne dort vorgetragene Fakten und Überlegungen zwischenzeitlich überholt sind.

12) Diese Gefahr liegt auch in unserem Realisierungsvorschlag, wenn der Unterrichtende allzu lang beim literarisch-formalen oder sprachlichen Detail der Romane verweilt, ohne die Mitte der möglichen Identifikationen (Held-Zeit-Nöte) rechtzeitig freizugeben. – Vgl. G. Frank/J. Stephan. Der Schüler als Leser, S.67.

13) Vgl. E. Neis. Bausteine Nr. 656.

14) Vgl. E. Neis. Klassiker, S. 68/69.

V. **Literatur** (Auswahl)

Jede Auswahl aus dem wirklich kaum noch überschaubaren Schrifttum zu Goethes Leben und Werk muß zwangsläufig sehr subjektiv und vor allem sehr eingeschränkt sein. Die von uns ausgewählten Titel halten wir (im Rahmen unserer Ziel- und Themenstellung) für repräsentativ und aufspürenswert, soweit es das Interesse und die Zeit des Lesers im Einzelfall zulassen. Uns waren die Bücher für das Eindringen in die „Berührungskomplexe" mit Person und Sache sehr hilfreich.

Entsprechend den Kapitelschwerpunkten haben wir unsere Literatur-Auswahl geordnet und gegliedert. Damit möchten wir dem Leser eine Möglichkeit zur raschen, punktuellen Orientierung geben.

Johann Wolfgang v. Goethe *Die Leiden des jungen Werthers.* Mit einem Nachwort von E. Beutler. Stuttgart 1984 (Reclam Nr. 67).

Die Leiden des jungen Werthers. Mit einem Nachwort, einer Zeittafel zu Goethe, Erläuterungen und bibliographischen Hinweisen von H.-W. Jäger. München[3] 1984 (Goldmann Klassiker).

Die Leiden des jungen Werthers. Mit Quellen und Daten, Nachwort, Anmerkungen und Ausführungen zur Textgestalt (herausgegeben und kommentiert von E. Trunz). München[2] 1979 (dtv weltliteratur).

Die Leiden des jungen Werther. Bearbeitet von U. Lehmann. Husum o.J. (Hamburger Lesehefte Nr. 115).

* * *

Tagebuch der Ersten Schweizer Reise 1775. Mit den Zeichnungen des Autors und einem vollständigen Faksimile der Handschrift. Herausgegeben und erläutert von H.-G. Dewitz. Frankfurt 1980.

Tagebuch der Italienischen Reise 1786. Notizen und Briefe aus Italien. Mit Skizzen und Zeichnungen des Autors. Herausgegeben und erläutert von Chr. Michel. Frankfurt 1976.

Aus meinem Leben. – Dichtung und Wahrheit. Herausgeben von E. Beutler. München 1977.
Goethe. Ein Lesebuch für unsere Zeit. Einleitung von H.J. Geerdts. Berlin und Weimar 1982.

* * *

Johann Peter Eckermann Gespräche mit Goethe. Mit einer Einführung herausgegeben von E. Beutler. München 1976.

* * *

Ulrich Plenzdorf Die neuen Leiden des jungen W. Frankfurt[14] 1980.

* * *

Georg Balzer Goethe als Gartenfreund. München 1976.
Peter Boerner Johann Wolfgang Goethe in Selbstzeugnissen und Bilddokumenten. Hamburg 1973.
Marcel Brion Johann Wolfgang Goethe. Dichterfürst und Universalgelehrter. München 1982.
Karl Otto Conrady Johann Wolfgang Goethe. Leben und Werk. Die Hälfte des Lebens (Band 1) – Die Summe des Lebens (Band 2). Frankfurt 1982/1985.
Richard Friedenthal Goethe. Sein Leben und seine Zeit. München[3] 1977.
Wolfgang Leppmann Goethe und die Deutschen, Der Nachruhm eines Dichters im Wandel der Zeit und der Weltanschauungen. Frankfurt 1984.
Alfons Nobel Charlotte von Stein. Goethes unerfüllte Passion. München 1985.
Edwin Redslob Goethes Leben. Stuttgart 1971 (Reclam Nr. 7855).

* * *

Hugo Ball Hermann Hesse. Frankfurt 1975.
Georg Holmsten Jean-Jacques Rousseau in Selbstzeugnissen und Bilddokumenten. Hamburg 1980.

Friedrich W. Kantzenbach Johann Gottfried Herder in Selbstzeugnissen und Bilddokumenten. Hamburg 1970.

Friedrich Sieburg Chateaubriand. Tyrannei und Tugend. München 1976.

Curt Hohoff Jakob Michael Reinhold Lenz in Selbstzeugnissen und Bilddokumenten. Hamburg 1977.

Peter Godammer (Hg.) Dichter über Dichter. Literarische Portraits von Goethe bis Fontane. München 1975.

Thomas Mann Lotte in Weimar (Roman). Frankfurt 1984.

Stefan Zweig Begegnung mit Büchern. Frankfurt 1983. Das Geheimnis des künstlerischen Schaffens. Frankfurt 1981.

* * *

Stefan Blessin Johann Wolfgang Goethe. Die Leiden des jungen Werther. Grundlagen und Gedanken zum Verständnis. Frankfurt-Berlin-München 1985.

Paul Michael Lützeler / James E. McLeod (Hg.) Goethes Erzählwerk. Interpretationen. Stuttgart 1985. – Darin: Hans Rudolf Vaget. Die Leiden des jungen Werthers, S. 37-72.

Kurt Rothmann (Hg.) Johann Wolfgang Goethe. Die Leiden des jungen Werthers. Erläuterungen und Dokumente. Stutgart 1971.

Dieter Welz Der Weimarer Werther. Studien zur Sinnstruktur der zweiten Fassung des Werther-Romans. Bonn 1973.

* * *

Peter J. Brenner (Hg.) Plenzdorfs ‘Neue Leiden des jungen W.‘. Materialien. Frankfurt 1982. –
Darin:
Diskussion um Plenzdorf. S. 151-154 (Vorbemerkung der Redaktion – W. Girnus)
Robert Weimann. Goethe in der Figurenperspektive. Diskussion. S. 173-188.

Wilhelm Girnus. Lachen über Wibeau ... aber wie? S. 189-204.

Peter Biele. Nochmals – „Die neuen Leiden". S. 205-212.

Friedrich Plate. „Neue Leiden" ohne Standpunkt. S. 224-229.

Karl-Heinz Jakobs. Plenzdorf. S. 230-235.

Hellmuth Karasek. Ein Beatnik aus der DDR. S. 246-250.

Karl Corino. „Die neuen Leiden des jungen W.". S. 251-254.

Marcel Reich-Ranicki. Der Fänger im DDR-Roggen. Ulrich Plenzdorfs jedenfalls wichtiger Roman. S. 262-269.

Wolfram Schütte. Zu spät fällt die Figur dem Autor ins Wort. S. 274-279.

Rolf Michaelis. Für zwei deutsche Staaten. 280-283.

Wolfgang Werth. Rebell mit positiver Haltung. Plenzdorfs neuer Werther. S. 284-288.

Michael Schneider. Die Leiden des jungen W. S. 289-292.

Joachi, Kaiser. Schwarzes Schaf mit gutem Kern. Plenzdorfs „Die neuen Leiden des jungen W." in den Münchner Kammerspielen. S. 296-299.

Fritz J. Raddatz. Ulrich Plenzdorfs Flucht nach innen. S. 303-309.

Peter Zeindler. Glück des einzelnen vor dem Plansoll? Eine Begegnung mit dem DDR-Dramatiker Ulrich Plenzdorf. S. 313-318.

Hilde Rubinstein. Sandpapier und Seide. S. 319-323.

Peter Wapnewski. Zweihundert Jahre Werthers Leiden oder: Dem war nicht zu helfen. S. 324-343.

P.J. Brenners Materialienband enthält auch eine umfangreiche Bibliographie der Forschungsliteratur zu Plenzdorfs Roman, über die genannten Titel hinaus.

Kölner Stadtanzeiger (27./28. April 1985)Innerer Monolog. Ulrich Plenzdorf las im „treffpunkt taschenbuch".

Kölner Stadtanzeiger (12. September 1985) Gespräch mit dem in Ost-Berlin lebenden Schriftsteller Ulrich Plenzdorf. „Probleme vor der Haustür“.

* * *

Werner Filmer / Heribert Schwan (Hg.) Alltag im anderen Deutschland. Düsseldorf-Wien 1985.

Dietmar Grieser Schauplätze der Weltliteratur. München 1979.

* * *

Dieter Baake Beat – die sprachlose Opposition. München 1972.

Otto F. Best Handbuch literarischer Fachbegriffe. Definitionen und Beispiele. Frankfurt 1972/1980.

Jürgen Hein Dorfgeschichte. Stuttgart 1976.

Eva-Maria Kabisch Literaturgeschichte kurzgefaßt. Stuttgart 1985.

Diether Krywalski (Hg.) Handlexikon zur Literaturwissenschaft. Zwei Bände. Hamburg 1978.

Martin Pfeifer Sturm und Drang. Epochen deutscher Literatur. Hollfeld 1983.

* * *

Helmut Fischbeck Ulrich Plenzdorf: Die neuen Leiden des jungen W. Zur Literaturproduktion und -rezeption in der DDR. In: Diskussion Deutsch 18 (1974), S. 338-357. Frankfurt 1974.

Gerd Frank/Joachim Stephan Der Schüler als Leser. Textrezeption und Literaturunterricht. Freiburg 1979.

Heidrun Kaschuge Goethe-Plenzdorf. Die (neuen) Leiden des jungen (W.) Werthers. Vergleiche und Untersuchungen. Hollfeld 1981.

Edgar Neis Klassiker wieder aktuell?
Wie finden Schüler heute Zugang zur Dichtung der Goethe-Zeit? – Zehn Interpretationsbeispiele aus der Schulpraxis. Freiburg 1979.

Edgar Neis Johann Wolfgang von Goethe. Die Leiden des jungen Werthers – Ulrich Plenzdorf. Die neuen Leiden des jungen W. BAUSTEINE. Unterrichtsseqenzen für den Literaturunterricht auf der Sekundarstufe I und II. Hollfeld 1985.

Landesinstitut für Schulpädagogische Bildung Nordrhein-Westfalen Literatur in der DDR II. Düsseldorf 1977.

Otmar Leppla/Hartmut Fischer Stundenblätter – Plenzdorf: „Die neuen Leiden des jungen W." – Klett (Schulpraxis) 1985.

Lore Lucas Textsorte: Drama. Analysen-Lernziele-Methoden. Bochum 1977.

Peter Münder Ulrich Plenzdorf. Die neuen Leiden des jungen W. Hollfeld 1976.

Peter Münder Jerome Salinger. Der Fänger im Roggen (The Catcher in the Rye) – Hebt den Dachbalken hoch, Zimmerleute (Raise High the Roof Beam, Carpenters). Vergleiche, unterrichtsbezogene Erläuterungen und methodisch-didaktische Hinweise. Hollfeld 1980.

Helmut Popp Die Rolle des Lesers. Hauptfaktoren des literarischen Lebens II. – Studientexte für die Kollegstufe. München^2 1978.

Peter Struck Die Hauptschule. Geschichte, Krise und Entwicklungsmöglichkeiten. Berlin-Köln-Mainz 1979.

Zur Situation der Hauptschule (repräsentativ):

– Haupschule heute. Ergebnisse einer Bestandsaufnahme niedersächsischer Hauptschulen 1983/84. Hannover 1985.

– Heinz Bielefeldt/Martin Emundts. Hauptschule unterwegs. Pädagogische Skizzen zur Innenseite einer nicht nur ungeliebten Schulform. Heinsberg 1984.